생각하며 실천하는 자유인

생각하며
실천하는
자유인

2011년 8월 11일 1판 1쇄 인쇄
2012년 11월 30일 1판 3쇄 발행

글 | 홍민선

펴낸이 | 백인순
펴낸곳 | 위즈앤비즈

주소 | 서울시 마포구 합정동 381-21 3층
전화 | 02-324-5677
출판등록 | 2005년 4월 12일 제 313-2010-171호

ISBN 978-89-92825-60-3 03230
값 10,000원

생각하며
실천하는
자유인

홍민선 글

어느 영적 선물

-구상, 『우리의 삶 마음의 눈을 떠야』(세명서관) 중에서

구상 시인

지난 4월 나는 인천에 있는 가톨릭의 신체장애인들의 모임인 '엠마우스회'라는 데 강연을 갔다가 그중 문학을 좋아한다는 반신불수의 어느 젊은이와 잠시지만 얘기도 나누고 사진을 찍은 일이 있었다. 치과기공 기술을 익혀서 자립생활을 한다는 그 H군으로부터 그 뒤 사진과 함께 글발을 받았는데,

"선생님의 강연 중에 특히 폴 크로델의 말을 인용하시면서 하신 말씀, '기독교적 인간이라는 것은 십자가 위의 나자렛 예수가 겪으신 고통, 즉 사지가 찢어지는 아픔을 끝까지 잘 견디고 이기는 사람을 말하는 것이다. 좀 더 구체적으로 설명하면 우리의 마음속에서는 육신과 영혼, 선과 악, 사랑과 미움, 이성과 감성이 끊임없이 서로 물어뜯고 서로 잡아당기며 싸우는데 그 심전(心戰)에서

잘 견디고 이기는 사람만이 예수의 참된 제자요, 그 부활의 승리를 함께 누릴 것이다'라는 말씀이 실로 감명 깊었습니다. 저도 세례를 받고 오늘날까지 신앙생활을 충실히 하려고 노력은 했는데 그 어떤 해탈도 없어 스스로 실망하고 있던 차에 그 말씀을 들으니 크게 위안이 되었습니다. 그런 말씀을 해 주신 선생님을 만난 기쁨을 감사하는 뜻에서 로사리오(염주기도)를 일백 번 바치겠습니다."

이 희귀한 선물을 받고서 영적 생활이 부실한 나는 그에게 화답이 될 만한 기도를 못 하고 있었는데 며칠 전,

"지난번 제가 서면으로 약속드렸던 로사리오 기도를 날마다 한 번씩 드려서 어제로 백 번을 채웠습니다. 선생님 영육간 평안하십시오"라는 글발이 왔다.

나는 역시 아직도 그에게 영적으로나 또는 현실적으로나 답례를 못하고 있으니 이렇게 되면 누가 심신의 장애인인가. 그러면서도 그의 저 이타적(利他的)인 기도 자체가 하느님의 보응(報應)을 받으리라는 염치없는 믿음 속에 있다. 그리고 찌는 듯한 혹서와 세상살이의 번열 속에서 시달리다가도 그 영적 선물을 떠올리면 마음의 더위가 가셔지곤 한다.

*이 글은 구상 시인의 수필집 『우리의 삶 마음의 눈을 떠야』를 출간한 〈세명서관〉의 동의를 얻어 발췌한 것입니다.

3부 내 삶의 오아시스

1부

사막에 피는 꽃 사브라

푸르른 들

파란 하늘에서 불어오는
저 5월의 봄바람은
죽은 듯한 나무에서도
녹음 짙은 신록을 듣게 한다.

5월의 봄바람은
우리들의 가슴에
새 삶을 일깨우고
사랑하는 마음을 갖게 한다.

5월의 봄바람은
개여울에도 파문을 일어
수초와 고기들을
겨울잠에서 깨어나게 한다.
그리고 메마른 땅에서도
무성한 풀을 자라게 한다.

5월의 봄바람은
마음과 마음을
설레게만 하는 게 아니라
분명한 소망을 키우게 한다.

마르지 않는 샘

　연중 강수량이 100mm도 못 되는 불모의 땅 아프리카 대륙! 북부 사하라사막에서는 몇 십 년 주기로 기적처럼 장마가 온다고 한다. 놀랍게도 '노아의 홍수'를 방불케 하는 수량으로 때로는 수백 km마다 거대한 호수(湖水)를 이룬다고도 한다. 문제는 그 물 속은 몇 달 간 아무런 생명체도 없는 죽은 호수라는 것이다.

　그런데 그 후 일 년 쯤 지나면 놀라운 기적이 일어난다. 홍학이 뛰놀고 호수 주변에는 어디에서 풀씨가 날아와 싹을 텄는지 올리브나무 고목에는 작은 햇순들이 피어난다. 그리고 물속에는 작은 갑각류인 새우, 날도레, 게, 말류 같은 먹이사슬의 기초가 되는 생물이 있다고 한다. 수백 km에서나 날아온 새떼들, 각종 새들은 신나게 자맥질을 하며 먹이를 쫓는다. 분명 그 호수가 해마다 물은 줄지만 생명체는 늘어난다고 한다.

　하느님이 세상에 내리시는 축복 중에 물이 있다. 그 물은 일단 지표면에 스며들었다가 다시 지하수 통로를 따라 위로 솟아 나와서 땅 위에 풀이 살아나게 하고 생장하여 인간과 각종 생명이 속속 태어나게도 한다. 그 샘이 끊이지 않고 솟아오를 때 생명은 유지되는 것이다.

오늘날 사회는 인심이 각박하다고도 하고 메마르다고도 한다. 그 메마른 세상을 촉촉이 적실 수 있는 것은 오직 우리 인간만이 실천할 수 있는 사랑의 샘이다. 그 마음속에 간직된 영원한 청량한 샘물을 계속 퍼 올리는 것이다.

내가 할 수 있는 작은 선행이 스스로 보기에는 보잘 것 없지만, 그 물방울이 모이면 한 컵이 되고 계속 흐르면 내(川)가 되고 강물이 된다. 내가 할 수 있는 어떤 선행도 한 번으로 만족하지 말고 지속적으로 실천하면 어딘가 또 다른 사람이 나의 기쁜 삶의 모습을 보고 따르고 협력하는 이웃이 생겨나는 것이다. 나의 작은 시작이 사랑의 샘을 이루어 끊임없이 퍼 올리면 다른 이웃이 혹은 어느 노정(路程)에 지친 나그네가 그 물에 목을 축인 후, 힘을 얻고 용기를 얻어 힘 있게 걸어갈 것이다. (07년 1월)

그런 사람이 되고 싶다

어떤 사람들은 나를 보고 행복한 사람이라고 한다. 그러나, 그 사람의 행복이란 마음 안에 있다고 생각한다.

한껏, 열심히 일하고 뿌듯한 보람과 밀려오는 피로에 지친 몸을 쉴 때 나는 행복하다. 그래서 프랭클린이나 링컨, 마쓰시타 고노스케의 사상을 간직해 왔었다.

오늘 하루 방 안에서 종일 책과 씨름하고도 휘어진 척추를 펴려고 몸을 바로하며 이 글을 써 본다. 내가 그토록 극심한 고통을 이겨내야만 했던 것은 활발히 걷지는 못해도 오래 앉아도 피로를 모르는 집중력과 지구력을 갈망했기 때문이다.

내가 하고 싶은 일은 한 번에 큰 일을 해내는 업적이 아니라 작은 일이라도, 줄기차게 하면서 그 일의 성취감을 안고 싶은 것이다. 어인 일로 한자리에 오래 앉아있을 수가 없는 것이라니 나는 때때로 미칠 지경이다.

「인간시대」에 등장하는 수많은 사람들이 하나같이 공통적인 것은 작은 일이라도 지속적인 실천을 쌓으면서 세상에 샘터가 되는

것이다.

　나는 그런 사람이 되고 싶다. 세상에 인간으로 태어나 즐거운 노동을 할 수 있다는 것 얼마나 아름답고 복된 일인가? 그 일 속에서 자기존재를 발견할 수 있고 인생 최고의 선(善)이라는 사랑도 실천될 수 있는 것이다.(94년 7월)

호박 심은 노인

　6·25때의 일이다. 전쟁 발발 후 가장 먼저 중부전선이 붕괴되자 인민군이 물밀듯이 밀고 내려오고, 국군과 피난민은 후퇴를 했다. 어디를 보아도 찌는 무더위 속에 피난민의 행렬은 끝이 없었다고 한다. 그중에 병자와 노약자는 포기하기도 했지만, 대부분 한마을이 모두 사라지고 빈 집에 대문만 굳게 못질을 해두었었다.

　어느 날 대열에서 이탈된 병사 서넛이 한 마을에 도착하였다. 그들은 집집마다 사람이 있나 확인하며 취사가 될 만한 곳을 찾고 있었는데 한 숲에서 인기척이 났다. 그들은 깜짝 놀라서 그쪽으로 총구를 겨누고 "꼼짝 마라" 하면서 정면에 나섰다. 놀랍게도 몹시 늙은 할아버지가 곰방대를 빨아가며 구덩이를 파고 있었다. 그리고 그 구덩이에 인분을 넣고 있었다. 병사들은 너무나 오랜만에 보는 진풍경이라 "영감님 여기서 무얼 하십니까?" "피난 안 가고 왜 이러고 계십니까?" 하고 물었다. 베잠방이 주머니에서 수건을 꺼내 땀을 닦는 노인은 태평하게 이런 말을 했다.

　"늙은이가 피난은 가서 무얼 하겠고. 인생은 어차피 한 번 가는 것인데, 나는 지금 내가 할 수 있는 일을 찾아서 행복한 일을 하는 것이요, 내가 얼마나 살고 얼마 후에 죽을지는 모르지만, 나는 지금 하고 있는 일에 만족하고 있다오"

하면서 보퉁이에서 굵은 호박씨를 몇 알씩 구덩이 안, 흙 위에 놓고 있었다. 노인은 이 일을 벌써 며칠째 하고 있었다. 온 야산에 구덩이가 많은 것이 그것을 증명하고 있었다.

그렇게 세월이 흘러 11월의 찬바람 속에서 유엔군의 대대적인 반격작전으로 고향을 잃었던 사람들이 속속 돌아오고 있었다. 그들은 모두가 거지꼴이었다. 이틀, 삼일 물만 먹고 돌아온 사람들이 태반이었다. 마을 빈집마다 곡식이 남아 있을 리 없었다. 그리하여 그들은 숲으로 달려갔다. 칡뿌리라도 캐어볼 마음에서였다. 그러나 예상 밖에 탐스런 호박이 여기저기 수없이 널려 있었다. 마을 사람들은 앞 다투어 그 호박을 수확하여 겨우내 죽도 쑤어먹고, 간식도 해서 추운 겨울을 날 수 있었다. 그러나 그 호박을 심은 노인이 있었다는 사실은 아무도 몰랐다. 다만, 그 언덕에는 들국화만이 바람에 떨고 있었다. (94년 11월)

특별한 인생

추운 겨울의 새벽은 유난히 어둡다.

"애야, 일어나라! 빨리 씻고 조반 먹고 학교에 가야지."

이불을 걷어 내리고 벽시계를 보니 아침 5시 45분이었다.

"엄마 지금 6시도 안 되었는데…."

"애야 지금 밖은 몹시 얼고 성에가 쌓였단다. 그 땅이 녹기 전에 등성이 고갯길을 넘어가야지, 그렇지 않으면 햇살에 녹아 질척거린다."

나는 엄마 등에 업혀서 추운 겨울날 등교하는 일이 가장 싫고 고통스러웠다. 다른 친구들은 모두 난로의 연료가 될 솔방울을 자루에 담아 지고 학교에 오는데 나만 예외를 받는 일도 싫었다. 등성이 솔밭 오솔길을 지나 정짓돌 논둑길을 지나 한두 명 등교하는 친구들 모습이 보일 때, 나는 바닷뜰 시장 뒷길을 지나, 양조장 앞을 지나 초등학교 운동장에 들어선다.

내가 들어가는 4학년 2반 교실, 걸상에 앉혀질 때에 불기 없는 교실에서 혼자서 곱은 손을 불어가며 국어책을 펼치고 읽어간다.

"나는 왜 이렇게 특별한 인생으로 살아가야만 할까?"

나는 인생에서 가장 힘들고 어려울 때면, 추운 겨울 어머니 등에 업혀서 등교하던 36년 전 기억이 떠오른다. 지금은 46세의 가장이 되어 새벽에 곤히 잠든 아들들을 깨우는 아빠가 되었다. "내가 왜 이렇게 학교를 다녀야 하느냐"고 어머니께 여쭤보면 "네가 꼭 필요한 사람이 되기 위해서이다"라고 하셨다. 이제는 내가 두 아이들에게 그 말을 해 주고 있다. (05년 1월)

개똥모자를 쓴 할아버지

내가 살고 있는 한국아파트와 뉴서울아파트는 사이좋게 적당한 공터를 공유하고 있다. 그곳은 느티나무가 줄지어 서서 그늘이나 풍광도 좋고 단단한 공원의자도 여러 곳에 있다. 사철 어린이들과 노인들이 만나고 놀고 헤어지는 장소이다. 어떤 사람은 책을 읽기도 하고 어느 연인은 배드민턴을 치기도 한다.

그곳에는 아파트 부녀회에서 한 주일에 한 번씩 먹거리 장터를 열기도 하고, 둥글게 모여 앉아 도라지 껍질을 까는 할머니들, 장기를 두는 노인들도 있다. 그곳에 매일 아침이면 우산수리를 하러 나오시는 노부부가 있다. 할아버지는 두 다리를 전혀 못 쓰는 하반신장애인이다. 그러나 할머니는 건강하여 할아버지를 휠체어에 태워서 밀고 나오신다. 할아버지는 한 느티나무 아래에 자리를 깔고 휠체어에서 내려앉는다. 낡은 가방에서 방울집게, 실톱, 철사, 바늘, 실 등을 꺼낸다.

할아버지는 어제 주문 받았던 우산을 펴본다. 구멍 난 곳은 몇 곳인지, 살이 꺾인 곳은 몇 곳인지 일일이 살을 갈아 끼우고 찢어진

부위를 꿰매고, 방수액을 바르고 마무리하는 모습이 대단히 진지하다. 그리고 할머니가 아파트 뜰을 일일이 돌며 "우산 고쳐요! 우산 고쳐유!" 하고 외치고 다니면 어디선가 새댁들이 우산을 들고 나와 맡기며 수리비를 흥정한 후 들어간다.

우산 할아버지 인상은 이러하다. 안경 낀 얼굴은 깊은 주름살이 패이고 이도 다 빠져서 합죽이인데 머리에는 언제나 개똥모자를 눌러쓰고, 귀에는 연필을 꽂고 계신다. 담배를 피워 물고 낡은 우산을 펴서 수평을 잡고 살을 점검하는 모습이 무척 인상 깊다.

우리 집도 어머니가 주워온 우산이랑 아이가 학교에서 찢어온 우산 모두 합하여 다섯 개를 가지고 나가 한 개는 불능이라 하여서 놓고 오고, 네 개는 새것처럼 고쳐왔다. 어제는 온종일 비가 내렸다. 일주일째 황사가 날리던 뒤끝이라 거리에는 흙탕물이 흐르고 사람들도 별로 없었다. 그런데 우산 수리 할머니는 우비를 입고 비를 맞으며 우산을 주우러 다니셨다. 재활용품 쌓인 곳이나 주차장 곳곳을 뒤져 버린 우산을 모으러 다닌다.

그런 우산은 모두 살을 추리고 대를 뽑아서 할아버지의 소중한 우산 수리 재료가 될 것이라 짐작 된다. 오늘 아침도 신록이 윤을 내리며 연둣빛 이파리가 손을 펴는 공터에 아침햇살이 유난히 맑다. 젊은 주부들이 나와 배드민턴을 치고 책도 읽는다. 우산 수리 할아버지는 오늘도 재료를 펼치고 여전히 개똥모자를 쓰시고 앉아 우산살 길이와 굵기를 추스르며 일에 열중이시다. (02년 5월)

우물의 흔적

  내 고향 서신(西新)에는 매화리에서 바닷가로 가는 길목에 작은 우물이 있다. 그 샘터를 누가 발견하고 누가 팠는지는 잘 알려지지 않았다. 다만 1950년 6·25 전란 때 강원도 철원에서 난을 피해 이사 온 사람들이 그 우물을 사용했다는 것이다. 그 후 정부의 주도로 바다를 막고 간척사업을 할 무렵, 우물에서 약 100m 떨어진 산기슭에 양철지붕을 이은 집단합숙소를 마련하여 열심히 살고 있었다.

  당시 그분들은 미군이 버리고 간 석유드럼통을 아래위로 터서 그것을 지표면에 수직으로 세우고 바깥바닥으로 시멘트콘크리트를 부어서 단단하게 발랐다. 그리하여 주변의 어떤 토사나 오물이 흘러들지 않았으며 곁에는 언제나 두레박이 놓여 있었다.

  이 우물은 야산 기슭 길가에 있어서 그리 눈에 잘 뜨이지는 않지만, 나그네나 양철지붕아래 사람들에게는 소중한 식수원(食水源)이었다.

  사람들은 그 우물물을 마시며, 저마다 열심히 일했고 저축하여 15년 후에는 모두들 자립하여 건넛마을 양지바른 곳에 집을 짓고 이사를 했다. 이 우물은 그리 깊지도 않은데, 아무리 퍼내어도 줄지 않았고, 제 아무리 가물어도 마르질 않았다. 그 후 양철 지붕아래 사람들은 모두 떠나고 어린자녀를 키우는 노부부만이 마지막으로 오랫동안 살았다. 그리하여 그 노부부는 정성으로 이 우물을 보살폈다.

이곳 바닷가에는 무진장한 해산물과 어패류가 많아서 이른 봄부터 늦가을까지 수영을 하러 오거나 천렵을 즐기러 오는 외지인들이 많았는데, 가는 길가에 있는 이 우물은 보석 같은 존재였다.

나도 당시 학창시절에 토요일 오후 하숙집에서 본가로 돌아올 때 집에 다다르기 전 언제나 이 우물가에서 쉬었다. 두레박으로 시원한 물을 퍼서 벌컥벌컥 마시고, 세수도 하면 그렇게 시원할 수가 없었다. 청명한 날 그 우물 속을 들여다보면 나의 얼굴이 비치고 그리 깊지 않은 바닥에는 하얀 모래가 깔려 있고 맑디맑은 샘물이 끊임없이 솟아오르고 있었다. 물맛도 해변가치고는 뛰어나게 좋아서 지나가던 나그네는 이 우물을 만나면 무척 반기며 많이 먹었다.

그러나 내가 지금도 후회하는 것은, 그 맑고 깨끗한 샘물을 마시면서도 감사함을 못 느꼈다는 것이다. 왜냐하면 사람들은 샘물을 마시고 나면 물이 튀도록 목욕을 하고, 어떤 사람들은 개펄 묻은 물고기를 마구 씻고, 심지어는 개흙이 묻은 그물을 우물 속에 집어넣고 흔들고는 건져서 메고 간다. 나는 그때 그런 모순을 보면서도 말리거나 이해를 시키지 못했으니까.

때가 되어 그 노부부도 자녀들이 하나둘 결혼하여 품을 떠나가면서 더 이상 바닷바람 거센 양철집에서 살아가야 할 의무가 사라졌다. 그리고 지붕도 많이 낡아서 바람 불면 곳곳에서 흔들리며 비도 샌다. 그리하여 1980년대 초를 마지막으로 빈집을 남겨두고 떠나갔다.

그해 차가운 긴 겨울동안 우물가에도 아침저녁으로 찾아오는 사람이 없어졌다. 낙엽이 날아와 쌓이고, 여름에는 이끼가 뒤덮기 시작했다. 그래도 여름만 되면 변함없이 피서객들이 찾아오지만 다시는 그 샘물을 마실 수가 없게 되었다. 그들은 하는 수 없이 실망하여 그 물을 떠서 발만 씻고 세수하고 떠나갔다. 그렇게 세월은 가고 추억만이 남았다.

작년에 15년이 넘어서 그 고마운 샘터를 기억하며 찾아갔다. 그 우물은 무성한 담쟁이넝쿨과 하늘을 찌르는 아카시아 숲에 뒤덮여 초라한 흔적만이 존재해 있었다. 나는 그 무성한 잡초를 헤치고 우물가로 다가갔다. 돌멩이에 걸터앉아 우물 속을 내려다보니 그 옛날 누구에게나 맑은 샘을 끊임없이 베풀던 우물이 아니었다. 사람들은 풍부함에 감사함을 느낄 줄 몰랐나 보다. 만약에 이 은혜로운 우물이 아프리카 사하라사막 어딘가에 있었다면 사정은 180° 달랐을 것이다. 우리가 깨끗한 자연과 그 공기의 소중함을 모르듯이 그 우물의 고마움을 망각하고 살아왔다.

우리는 양철지붕 앞의 우물처럼 무관심과 무책임으로 주변에 아카시아 나무와 이끼가 끼는 우물이 되어서는 안 되겠다. 샘이 끝없이 흘러넘치게 해야 할 것이다. (96년 8월)

들국화를 추억함

　요즘 산에 가면 들국화가 한참 피어나는 계절이다. 나에게는 한참 어렵고 괴로웠던 학교시절에 그 들국화가 용기를 주게 해 주던 추억이 있다.

　초등학교 5학년 때부터 학교인근에 방을 얻어 누나와 자취를 하면서 등하교를 하였는데, 주말이면 그리운 집에 갈 수 있었다.

　마을에 도달하기까지는 고개를 넘어야 하는데 그 고개 양켠에는 늘 들국화가 함빡 피어 있었다. 소들이 뜯어먹기도 하고 짓밟기도 하는데 그 꺾인 가지 밑동에서 또 새순이 올라와 꽃봉오리를 맺는 그 생명력이 나를 감동케 했었다. 자연은 이렇게 좌절도 멈춤도 없이 오직 찬바람과 함께 추운 겨울이 찾아와야 그 생장을 멈추는 것을 보게 된 것이다.

　숨이 가빠와 고갯마루에서 쉬고 나면 마음도 상쾌하고 힘도 생긴다. 집에 도착하면, 아버지는 안마당에서 앉아 혼자서 마른 콩다발을 풀어 조수고 계셨다. 나도 옆에 앉아서 방망이로 함께 부수니까 일이 한결 쉽고, 재미도 있었다. 아버지는 이렇게 일이 잘 되면 기분이 좋아서 늘 옛날 얘기를 해 주셨다. 어릴 때 할아버지 따라서 사강장에 갔던 일, 대동아 전쟁에 갔던 일, 6·25사변 때에 겪은 일 등등 콩타작을 마치고 온가족은 저녁밥을 무척 늦게 먹게 되었다.

아버지는 나에게 어떤 처지에서든지 "작은 일에 충실하면 큰 일도 해낸다"는 말씀을 해 주셨다. 그리고 노동하는 즐거움을 심어 주셨고, 게으르고 거만 떠는 일을 세상에서 가장 싫어하셨다. 그렇게 나는 아버지가 돌아가실 때까지 많은 유훈(遺訓)을 마음에 새길 수 있었다.

지난 10월 초순이었다. 추석 때는 교통이 너무나 복잡했고, 초보 운전이 서툴러서 아버지 산소에 성묘를 못 갔다. 며칠 전 온 가족이 아내는 밤새 전을 부치고, 포를 마련하고 하여 아버지께서 생전에 그렇게 좋아하시던 술도 담았다. 나는 조심조심하면서 고향 삼밭골 산기슭에 자리한 아버지 산소에 갔다. 승빈이가 그렇게 좋아할 수가 없었다. 우리는 아버지 앞에 음식을 정성껏 차리고 절을 하였다. 그리고 가만히 앉아 많은 이야기도 해드렸다.

아버지가 가신 지도 벌써 20년이 되었다. 이제 이 아들이 미력하나마 가정을 꾸리고 살아가는 모습이 대견하셨을 것이다. 돌아오는 길에 양옆에 수많은 들국화가 막 꽃봉오리를 터트리려 하고 있었다.(96년 11월)

이웃 논에 물꼬 터 주듯

국어사전을 찾아보면, "자원봉사란? 어떤 일을 자기 스스로 하고
자 바라거나 나섬"이라고 쓰여 있다. 즉 내가 가진 능력과 사랑을 가지
지 못한 사람이나 대상에게 나누면서 살아가는 것이다. 그 나누는 과
정에서 신기한 현상이 있는데, 인체에 가장 이로운 엔돌핀(endorphin)
이란 효소가 전신에 가득해진다. 이것을 보람이라고 하며 그 기쁨과
보람은 자원봉사라는 분야를 계속해서 하는 원동력이 된다.

자원봉사 중 아무리 좋은 일을 한다고 해도, 제대로 교육을 받
아서 항상 겸손한 자세와 공부하는 자세로 그 분야에 전문적 지식
을 쌓아 나가야 한다.

그렇게 하는 사람만이 봉사에 있어서 오랜 생명력과 일하는 보
람을 끊임없이 맛볼 수가 있다. 오늘날 인간이 하는 일을 잘 발달
된 컴퓨터와 기계들이 해내기에 오히려 인간은 공허해질 때가 많
다. 그리하여 자신의 존재를 발견하고 자기발전을 위해서는 신앙
생활과 자원봉사자가 절실히 요청된다.

내가 존경하는 분 중에서 미국의 영화배우 폴 뉴먼씨는 오늘날

대단한 제과회사 사장님이 되었다. 그는 무명배우 시절 배고픔을 겪어본 후부터 열심히 노력한 결과, 유명배우로 발돋움하면서 곧 사회봉사에 관심을 갖기 시작했다고 한다. 그는 여느 사람과 달리 지속적이고 탄탄한 후원의 맥을 개척하기 위하여, 누구나 사먹을 수 있는 도너츠 생산공장을 설립하였다. 그 회사는 미국에서 가장 어렵다는 식품위생법에도 합격하여, 맛좋고 위생적인 도너츠를 국민들에게 선보였다. 그 판매수익금은 재료비와 직원들의 인건비 운영비를 제외한 후, 전액 미국 사회복지기관으로 전달한다. 그 빵을 사먹는 사람들도 수익사업에 도움을 주는 일이고 생산을 하는 공장 직공들도 보람 있는 일이다. 그 수익금은 매년 늘어났으며, 창업 이래 한 해도 불황을 겪지 않는다고 한다. 그리하여 지금은 아프리카 구호자금까지 담당한다고 한다. 이제 그는 인생 고희를 넘긴 영화배우로 사회사업가로 행복한 여생을 살고 있다고 전한다.

그러나 자원봉사자는 행위보다 그 개개인의 철학이 중요하다. 반드시 규모가 크다고 성공한 봉사가 아니다. 작은 일이라도 인내심과 애정 속에 지속성을 갖는 것이 중요하다.

나의 논에 물이 넘치면 이웃 논에 물꼬를 터 주듯이, 우리가 남에게 무엇을 주기 위해서는 가진 것이 있어야 한다. 물질이 없으면, 다른 능력을 배양할 수 있는 시간과 마음가짐이 중요한 것이다. 항상 나의 삶을 성실히 살아서, 나의 가정과 주변에 넉넉한 경제력과 여유를 배양하도록 평생 생활화해야 한다. (95년 5월)

남동구청 앞에서 대로로 소래포구를 가다보면, 도로가 갑자기 2차선으로 좁아진다. 그리고 서창인터체인지 고가교 밑에서 바로 비보호 좌회전을 하면 좁은 시멘트 도로가 나온다. 그 길로 접어들면 '수도권해양생태공원'이라는 이정표가 계속 길을 안내한다. 그렇게 약 2km를 길대로 달려가면 큰 방죽길이 나오면서 좌측으로는 폐염전과 낡은 창고가 있고 우측으로는 갈대밭 사이로 만수천의 지류가 꾸준히 흐르고 있다.

자연 흙 길 위에 자갈과 페아스콘 가루를 깔아서 포장했으므로 차를 세우고 걸으면 매우 좋다. 그리고 중소형 승용차가 두 대는 무리 없이 교행을 할 수 있는 시골길이 시작된다. 입구에 들어서면 안내질서 공익근로요원이 나와 차량통행을 제한하지만 평일에는 사정 이야기를 하면 갈 수가 있다.

그곳부터 옛 방죽길이 다시 2km 이어진다. 길가에는 코스모스가 끝없이 피어있고 가끔은 아카시아 그늘이 있기도 하고 해당화가 피어나 미소 짓는다. 방죽 우측으로는 개펄 위로 튼튼한 목교

(木橋)를 설치했으므로 휠체어나 목발을 사용하는 분들도 약 200-300m는 갈대밭과 개펄 위를 내려다보며 거닐 수가 있다. 꾸준히 이어지는 방죽 길 좌측으로는 소금창고가 보존되고 있으며 각종 학습장으로 개조 운영되기도 한다. 이곳이 항구 도시 인천! 유일의 도심 속 '해양탐구자연학습장'이 조성되고 있는 곳이다.

그렇게 가다 보면 방죽 끝 길에 도착한다. (다시 왼쪽으로 좁은 방죽 도로가 시작된다.) 이곳에는 옛 염전저수지를 담수화하여 무엇인가 기르는 것 같고 '천일염'이 제조되는 염전이 재현되었다. 70년대를 회상하는 옛 방식의 수차가 몇 대 있어서 물을 풀 수 있다. 그리고 바람과 태양에 소금이 생성되는 염전과 간수 저장고도 보인다. 그 너머로는 개펄이 끝없이 펼쳐져 농게, 망둥어 등이 놀고 있는 개펄 체험장이 마련되어 있다. 또 우측으로는 개펄에 들어갈 수 없는 분들을 위해 목교 공사가 한창 건설되고 있다.

이렇게 틀을 잡아 소래포구로 바닷물이 드나들므로 스스로 정화와 생성을 거듭하면서, 살아 있는 자연 생태 현장을 만나는 것이다.

내가 정말 기쁜 것은 장애인도 큰 불편 없이 추억과 자연을 만날 수 있는 곳이 마련되고 있다는 것이다. 인천은 항구 도시라지만 바다는 보안과 개발을 이유로 철저히 막혀 있다. 철조망과 옹벽으로 '관계자 외 출입금지' 되어 있기 때문에 바닷물에 발을 담글 만한 장소가 없다. 혹시 월미도, 연안부두, 소래포구엘 가더라도 수평선에 펼쳐진 바다풍경을 볼 수 있는 곳은 없다. 오직 보인다면 전망 좋은 횟집 2층 창문으로만 보일 뿐이다.

이곳은 자동차만 운전하면 창문을 열고 짭짜름한 개펄 향기와 추억을 볼 수 있는 것이다. 기타 하나 들고 '뚜아에 무아'가 노래를 부르는 듯한 추억을 만날 수 있다.(01년 9월)

각자의 탈렌트

　사람들 간에 가장 떳떳한 사람과 슬픈 사람은 자신이 지금 왜 살고 있느냐는 것을 알고 있는 자일 것이다.

　하느님은 분명 인류 각자를 모태에서 신비로이 창조하실 때마다 그들에게 탈렌트(역할)를 부여하셨다. 그러나 인간들 간의 교만이 이것을 자주 상실하게 만든다. 하느님께서는 인류 모든 사람들이 자신의 길을 걸어 영원한 당신의 품안으로 안기기를 간절히 바라고 계셨다. 그러기에 당신의 아들을 보내시어 당신을 바라보고 믿으며 따르는 이들에게 끊임없는 목욕을 시키시고 구원을 약속하신다.

　신앙을 안다는 것. 그것은 잃어버린 자기를 찾는 것과 같다. 그리하여 자신의 길을 가는 것이다.

　이 세상에 태어난 자신의 환경과 조건이 전부일 수 없듯이 그것을 뛰어넘는 사람들의 신화도 결코 우연일 수만은 없는 것이다.

(87년 2월)

변신

　어느 도시에 횡단도로를 숨 가쁘게 지나가는 사람이 있었다. 나이는 모르겠으나 어림짐작으로 30은 되어 보이는데 시종 길만 보고 갈 뿐이지 도무지 한눈을 팔지 않는다. 보슬비가 내리고 색색 우산 속에 연인들은 밀어를 속삭이며 길을 걷고 있었다. 그 사람은 사람의 발길이 자주 닿지 않는 곳, 가로수 아래로만 가기에 주춤거릴 필요는 없었다.

　부성 슈퍼마켓 주인은 2년째 여기서 가게를 운영하지만 그토록 험한 몸을 이끌고 주기적으로 이 앞을 지나는 사람은 처음 본다. 내리는 비에 그대로 젖었으므로, 머리는 뻣뻣하게 일어나고 등과 이마에서는 땀과 김이 뭉기뭉기 서리어 오른다. 그런 생각 속에 그는 벌써 사라졌다. 얼마 후 주일이면 그는 또 같은 길을 간다. 햇살이 따사로운 한낮 그 사람은 이마에 땀을 흘리면서….

　간혹 동네 아이들이 놀다 "XX가 저기 간다. 아저씨, 이렇게 가 보세요. 아저씨…" 하며 따라오지만 종내 말이 없는 그에게 꼬마들은 돌을 던져본다. 복덕방 노인이 달려 나와 아이들을 쫓는다.

목발을 짚은 팔과 손은 유난히 길고 크지만 발목은 퍽 가늘었
다. 누구든 한번은 그가 그런 몸을 이끌고 어딜 가나 의문을 가져
봤을 것이다. 그 며칠 후에도 또 며칠 후에도, 이제 사람들은 으레
그런 이가 있구나 관심도 없다.

그러면서도 그 사람이 지나가면 유심히 바라보며 '언제나 한마
디 없이 지나가는 그 사람은 누구일까?' 떠올리곤 하였다.

알 수 없다. 그해 여름도 가고, 가을도 가고 플라타너스 낙엽이
구르는 초겨울이었다. 그런데 그렇게 자주 등장하던 그가 보이질
않는다. 사람들은 심심치 않게 "장애 심한 그 사람, 어딜 갔어
요?" 서로 묻곤 하였지만 보름이 가고 한 달이 가도 그 사람은 보
이질 않는다.

그리고는 어느 날부터인가 말쑥한 차림의 청년이 머리를 단정
히 갈라 빗고 초롱한 눈빛으로 밝게 웃으며 이 앞을 지난다. 비록
목발은 짚었어도 몇몇의 친구들과 담소하며 지나가곤 하였지만
초라한 그 목발의 주인공은 영 보이질 않았다.

눈이 오던 그 어느 날 말쑥한 차림의 청년들이 부성 슈퍼에 들러
빵과 커피를 시켜먹고 있을 때, 주인은 "이봐요! 청년들 얼마 전 이
곳에 다리가 심하게 불구고 몸이 성치 않은 사람이 있었는데 몇 달
째 통 보이질 않는군. 혹시 죽었는가 아시우?" 하고 묻는다.

"…"

청년들은 말이 없다.

"날이 개나 궂으나 주일이면 이 앞을 지나갔는데 아마 성당엘 가는 것 같았어. 그래도 나에겐 건강하다는 행복감을 심어 주었던 사람이었다네."

청년들은 잘 모른다고 답하고는 모두 가게를 나갔다. 난로 위의 주전자 물이 끓고 있었다.

차츰 깊어가는 겨울, 오늘은 낮부터 함박눈이 내리더니 11년 만의 화이트 크리스마스라고 사람들은 들떠서 좋아한다. 멀리 성당에서 울려 퍼지는 종소리에 성탄 전야는 깊어 갔고 눈가루가 바람에 날리며 바람이 불 때 잔뜩 움츠린 가족들이 총총 걸음으로 성당으로 향한다.

그러나 이 날도, 그 이후에도 그 사람은 영영 보이질 않는다. 세월이 가면 차차 사람들의 기억 속에서도 사라질 것이다. 그러나 새로운 그 미남 청년은 오늘도 말쑥하게 차려입고 어딘가를 향하여 바쁘게 걷고 있었다.

목발은 짚었지만.

2부

선인장 인생

이정표

내가 고향에 이르렀을 때
색바랜 이정표 아래 쉬고 있었다.

그해, 늦가을처럼
어깨를 움츠리며 바라본
개여울의 갈대는 노랗게 여물고
내 몸이 저려오듯 바람에 떨고 있었다.

서산에 넘어가는 태양은
바닷가 수평선에서 타오르며
단풍잎도 더욱 붉게 보였다.

모든 이에게 가을은 풍요를 주었다는데
그해, 나의 가을은 유난히 바쁘고
춥고 파리했던 나날이었다.
나는 지금 이정표에 기대어
그해 가을을 사랑한다.

구상 시인과 나의 기도

　나는 3살 때 지독한 소아마비를 앓아 양 하지를 못 쓰게 되었다. 8세 때 취학통지서가 나오자, 어머니와 큰누님은 나를 등에 업고 15리 길을 걸어 학교에 등·하교를 시켰다. 그렇게 9년간 중학교까지 다닌 유년시절하며, 이제와 돌이켜보면 나의 삶은 가시밭길의 연속이었다.

　큰 형님의 도움으로 인천으로 이사 와서 재활을 이룬 후, 1984년 부평 2동 성당에서 세례성사를 받으면서부터 나의 신앙생활은 시작되었다. 나는 집에서 통신교리를 배울 때에도 늘 100점을 받을만큼 열심이었다. 그러던 중 1984년 5월 인천교구 산하 엠마우스회(남성지체장애인 모임)에 들게 되었다. 그렇게 16년을 보내면서 그들과 희로애락을 함께하고 있다.

　인천교구청 안에 있는 '바오로 서원'은 언제나 내 지식의 보고였으며 나는 수많은 가톨릭서적을 읽으며 스스로 신앙심을 키워 나갔다. 크로닌의 『천국의 열쇠』와 故 김홍섭의 『무상을 넘어서』,

가가와 도시히꼬의 『사선을 넘어서』라는 자서전은 특히 나를 감동시켰다. 그 중 김홍섭의 생애는 내 신앙의 좌우명이 되기도 했다.

그러나 그 수많은 책 중에서도 특히 구상 선생님의 시집과 묵상집은 내게 신앙적 공감과 많은 감동을 주었다. 나는 선생님을 꼭 한 번 만나 뵙고 싶은 소망에 막연한 용기를 내어 출판사에 전화를 했고, 선생님 댁의 주소와 전화번호를 알아내었다. 그리고 얼마 후 선생님께 전화를 드렸다.

"선생님, 장애인 단체 엠마우스회가 오는 89년 4월 '성 안드레아의 집'에서 피정을 합니다. 저의 단체는 임의 신앙단체로 매우 가난하기에 감히 강의료를 드릴 수는 없는데요, 그러나 선생님의 강의를 꼭 듣고 싶습니다"라는 간청을 드렸더니 잠시 침묵이 흐르다가 쾌히 승낙을 하셨다.

나는 '과연 내가 그 위대한 한국의 시인을 만날 수 있을까?' 하는 흥분과 기대로 피정을 준비해 나갔다.

피정! 그날의 감동적인 강의가 끝나고 미사도 끝났다. 선생님께서 수도원 뜰에 나오셨을 때, 나도 목발을 짚고 따라 나왔다. 선생님의 두 손을 꼭 부여잡고 깊이 감사인사를 드렸더니 그분도 기뻐하셨다.

당시에 단체를 대표했던 나로서는 그분께 마땅히 드릴 것이 없어 고민이었다. 그때 순간 머리를 스치는 것이 있었다. "선생님!

선생님을 위해 묵주기도 105단을 바치겠습니다"라고 말했더니 그분은 두 눈을 감고 나의 두 손을 꼭 쥐시고 한참 하늘을 향하는 표정이셨다.

사실 묵주기도 105단은 내가 한 번도 이뤄보지 못한 공약이었다. 그렇지만 내가 할 수 있는 한 최선을 다해보자고 결심한 후 그 실천방법을 연구했다. 우선 수첩에 구상 시인이라고 적고 묵주기도 한 묶음을 할 적마다 5단을 했다는 의미로 한자 '바를 정(正)'자를 그려 나갔다. 그렇게 기도해 나가다가도 잊으면 수첩을 찾아보면서 날마다 게으름과 분심과 싸워나갔다.

'하느님! 부디 훌륭한 지식을 간직한 분이 우리나라에 오래 머무셔서 많은 이들에게 참 삶의 길을 깨우쳐 주게 하소서'라는 화살기도까지 보태었다.

그 지루하고 힘들었던 기도는 그해 성탄절이 가까울 무렵에야 끝났고 '正'자가 21개가 그려지던 날 나는 위로의 한숨을 내쉴 수가 있었다. 그리하여 나는 떨리는 손으로 편지에 소식을 담아 선생님께 부쳤다. 그 후 그분은 감격에 벅찬, 그리고 겸손 가득한 심정으로 답신을 보내주셨다. 그저 고맙다는 말씀으로 … 그분의 황송한 찬사를 받고 보니, 생애 처음으로 '신앙의 기쁨은 이런 것이구나' 하고 느낄 수 있었다.

그렇게 그 해도 가고 새해 90년 1월 1일이 되었다. 당시 ○○방송국에서 아침에 '신년 원로인과의 대화'라는 프로가 있었는데 수원에 사시는 작은 누님이 감격스레 전화를 하셨다. "민선아! 오늘 아침 TV에서 구상 선생님이 너의 이야기를 하셨어! 말씀 중에 네가 해드린 기도가 늘 감사했고 또 당신도 삶에 힘을 얻으셨다고 하셨단다. 이 누나는 꿈인지 생시인지 그 말씀을 듣고 너무나 기뻐서 울었단다" 하며 젖은 목소리로 말씀하셨다.

그 후 나는 기도의 큰 힘을 느끼게 되었고 삶에 대한 자신감도 얻게 되었다. 구상 선생님을 위해 묵주기도를 바치던 그 묵주는 값싼 나무 오단짜리 묵주였으니 그 보잘 것 없는 나무 묵주의 위력은 실로 컸다.

주문이 밀리고 아무리 바빠도 묵주를 놓아 본 적이 거의 없다. '나의 삶', '나의 장애', '나의 고뇌' 모든 것을 묵주기도에 실어서 하느님께 간절히 청한다. 그러면 하느님은 언젠가 꼭 들어주시리라 믿는다. 또한 나는 꼭 기도가 필요한 곳이나 청원하는 사람에게는 간절하게 기도를 해 준다. 하루 온종일 일에 지치고 힘들 때에도 자리에 누워서 "하느님 이대로의 저를 받아주세요" 하면서 두 눈을 감고 가슴에 올린 묵주알을 잡으며 한 땀 한 땀 기도를 바친다. 더불어 나도 그 기도의 복을 받았음인지 1992년 11월 21일 결혼을 하여 지금은 착한 아내와 건강한 두 아들도 하느님의 선물로 받았다. 그리고 지금은 78세 되신 어머님을 모시면서 행복한 성가정을 이루고 있다.

구상 선생님과의 아름다운 인연으로 나의 신앙이 한층 커지는 계기가 되었고, 그분께 영육 간에 건강을 달라고 해마다 하느님께 묵주기도 105단씩 바쳐온 지도 10년째이다. 그뿐만 아니라 우리나라 수많은 사제, 성직자, 병중에 살아가는 이웃분들께도 아울러 바쳐드린다. 그리하여 연말이면 연간 5,000~6,000여 단의 묵주기도 횟수를 집계할 수가 있었다. 그렇게 묵주기도는 내 삶의 시작이고 힘이 되었다. 그렇다고 내가 어떤 신의 경지에 이른 것은 절대로 아니다. 지금도 분심이 전혀 없지는 않다. 하지만 먹구름이 드리운다고 태양이 없는 것은 아니다. 다만 그 기도를 멈추지 않는다는 것일 뿐이다.(00년 2월)

아버지의 가르침

　나는 1960년 4월 24일 경기도 화성에서 5남매 중 넷째로 태어났다. 나는 첫돌에 걸었고, 세 살 때는 누나들을 따라서 안 가는 곳이 없을 만큼 부지런히 다녔다고 한다. 그러던 내 나이 4살 되던 가을, 어느 새벽이었다고 한다. 내가 심한 열과 땀을 비처럼 흘리며 축 늘어지더라는 것이었다. 이웃 동네 광평리에 소재한 한의원에 업고 갔더니 "감기 몸살이 심하게 왔네요" 하면서 탕재 몇 첩을 싸주더라는 것이었다. 아이는 약을 먹어도 밤낮 울기만 하였다.

　3일 후 수원시에 있는 전문병원을 찾아갔다. 신중한 진단결과는 '소아마비'라고 하였다. 그러나 회복시키기에는 초기증상이 너무나 지나갔다. 체온이 식을 대로 식었고 근육소생이 불가능하다는 결론을 들으셨다고 하신다.

　이때부터 우리 가정의 역경은 시작되었다. 며칠 전까지만 해도 산으로 들로 달려 나가며 놀던 아이가 보이질 않으니, 마을 사람들은 궁금하여 오며가며 찾아왔었다고 한다. '소아마비'는 인근마을에서도 처음 들어본 병명이었으니 부모의 그 당황함과 절망감이란 이루 헤아릴 길이 없는 것이었다.

막상 마비가 오자 후유합병증이 동반하여 그해 겨울은 수원 ○○병원에 입원하여 한겨울을 보내었다. 이듬해에는 보다 큰 병원으로 가야 한다는 소견서 때문에 수인선 협궤열차를 타고, 인천시 신흥동에 위치한 도립병원까지 업고 가셨다는 말씀을 들었다.

아버지는 내 나이 열 살 때까지 농사를 지으시면서 염벗사업을 하셨다고 한다. 장마철과 한겨울을 제외하고는 사시사철 굽는 화염은 큰 수입이었지만 그 돈이 몽땅 나의 병원비로 소비되는 가슴 아픈 일이었다.

그렇게 4년간 수원과 인천을 오고가며 전전했던 병상생활도 합병증만 예방했을 뿐 영영 불구의 몸이 되고 말았다.

그 후 아버지는 더욱 생활에 정진하였다. 마치 일 중독자처럼 노동만 하셨다. 한낮이면 아버지는 양지 뜰에서 긴 수숫대잎을 훑어내고 단단한 새끼줄로 발을 엮듯이 엮어서 울타리를 만드셨다.

겨울 한낮에 햇살이 따뜻하면 나를 업어다 앉히고 일을 하셨는데 불쌍한 아들이 그 순간만이라도 맑은 공기와 햇살을 쐬라는 배려이셨다. 나는 이때 잘 마른 수숫대를 꺾어서 단단한 껍질을 까고 길게 칼로 다듬었다. 그것으로 안경 테두리를 만들어서 써보고 각종 동물 모양도 만들었다.

이때 구슬치기를 하면서 놀던 아이들도 달려와 그것을 달라기도

하고, 함께 따라서 만들기도 했다. 이때부터 나는 손재주가 있어서 내 삶속에 작은 일거리는 스스로 해결하는 보람도 느꼈다.

아버지는 언제나 나에게 "일찍 일어나거라", "셈수를 세어보아라", "한글공부를 해라" 쉼 없는 관심과 질책을 해오셨다. 아마도 나 같은 불구자는 무엇이라도 근면 성실해야 세상살이에서 도태되지 않을 거라는 희망이셨을지도 모른다. (03년 11월)

어머니의 등짝

　어린 시절 나는 소아마비 장애 외에 또 하나의 무거운 부담이 있었다. 막내 작은 아버지 한 분이 계셨는데 그분은 태어날 때 지적발달장애인이었던 것 같다. 평생을 홀로 자립하여 살기가 어려웠다. 큰(형님) 댁에서 많은 조카들과 더불어 식사를 얻어 드시고, 시키는 농사일을 하여야만 했다. 그리고 세상 사람들에게 온갖 멸시와 시달림 속에서 살아야만 했다. 그런 숙부의 삶은 늘 나와 비교가 되었다.

　"얘야! 너의 삼촌은 육신이 성해도 세상에서 설움을 받는데 불구자인 너는 오죽 심하겠니?"

　이 말이 끊임없이 정서를 흔들고 채찍질이 되어 다그쳤다. 취학통지서가 나왔을 때도 나의 부모님은 몇 달을 치열하게 논쟁하고 고민하셨다. 아버지는 "2km가 넘는 '바닷뜰' 서신초등학교에 어떻게 통학하느냐? 그냥 집에서 독학시키자" 하는 의견이었고, "이럴수록 정규학교에 가야 합니다. 사회성도 배우고 수업도 받아야 합니다. 당신이 못하면 저라도 하고 말겠습니다"는 어머니의 의견이 팽팽히 맞섰다. 하루의 고된 농사일 끝에도 밤이 깊도록 아버지의 방에 등잔불이 꺼지지 않는 이유는 나의 진학문제 때문이었다.

결국 1967년 2월 17일 "한번 입학식장이나 둘러보고 오겠다" 하고 어머니는 나를 업고 학교로 내달리셨다. 그때 내 심정은 한없이 두렵고 초조한 첫 등교일이었다. 생전 처음으로 큰 목조건물도 보았고, 좁은 교문이 미어지도록, 크고 작은 학생들이 등교하는 모습, 입학식 풍경 등이 새로웠다. 그 속에 아기도 아니면서 엄마 등에 업힌 나의 모습은 동무들의 구경거리였고 학부모나 바닷뜰 시장 상인들의 큰 화젯거리였다.

그날 밤 나는 집에 돌아와서 너무나 부끄럽고 슬퍼서 이불을 쓰고 서럽게 울었다. 엄마 등에 업혀서 소로지를 갈 때나 공생조합 마을을 지날 때나 수많은 철부지들이 따라오면서 놀려대었다. 그나마 어머니의 무서운 눈맞춤에 움찔할 뿐이었다.

약 20여 일은 운동장에서 율동, 동요부르기, 질서훈련을 했다. 그리고 4월부터 입실하여 공부가 시작되었다. 그렇게 해서 70여 명이 가득한 교실에서 나의 적응은 시작된 것이었다.

농번기 때에는 큰누님이 나를 업고 다녔는데, 당시 처녀 몸으로 동생을 업고 다니는 심정이 얼마나 힘들었을까? 회상하면 지금도 미안하다.

초등학교 3학년 때 큰누님이 시집을 가고 나의 학교 오가는 일은 온전히 엄마의 몫이 되었다. 그해 겨울에는 눈이 그토록 많이 내렸고, 장마철에 논둑길은 수렁이었다. 내가 5학년이 되어서 어머니는 나를 더 이상 못 업는다고 하셨다. 그리하여 나에게 학교근처에 자취방을 얻어주셨다. 나는 중학교에 다니는 작은 누님과 자취를 하면서 남은 2년을 다니게 되었다.

그런 어느 날이었다. 하굣길에 자취집을 향해 가고 있는데, 못된 놈들이 떼 지어 깡통을 차면서 오고 있었다. 그때 한 놈이 찬 깡통이 내 얼굴을 맞혔다. 나는 너무너무 아프고, 녀석이 괘씸해서 그걸 그놈한테 던졌다. 그것이 우연하게 이마를 정통으로 맞혔다. 그놈은 순간 성질을 내면서 나를 차서 쓰러뜨렸다. 나머지 녀석들은 재미있다며 웃었다. 나는 죽을 각오로 맞주먹질을 하여 녀석의 코피가 터지고 나는 입술이 터져 피가 흘렀다. 나는 그날 몹시 맞았다. 그런데 그때 그 광경을 사촌이 목격하고는 상황을 그대로 부모님에게 전했다. 나는 이틀간 아파서 학교를 결석했다. 작은 누나는 상처를 닦아주며 서럽게 울었다.

며칠 후 어머니가 자취방으로 달려오셨다. 사건의 전말을 모두 들으시고는 화가 머리끝까지 쌓인 채 교장실로 달려가셨다. 교장 선생님을 만나서 통곡하고 나에게 가혹행위를 했던 아이들을 고발했다. 그날 학교는 발칵 뒤집혔다. 직접 가해자는 물론 구경하고 웃었던 아이들까지 불려 들어와 나와 대질시켰고, 모두 교장선생님께 10대씩 맞고 그 부모들도 불려 와서 우리 모자 앞에 사과하게 하였다.

그 후부터 교내에서 장애인이나 힘없는 학생에게 외모를 보고 놀렸다거나 구타를 하면 언제나 담임선생님께 고발하라는 교장선생님의 준엄한 제도가 마련되었다. 그만큼 나는 위축된 마음에 소심하고 두려움이 많았다. 5년 동안 겪어오던 크고 작은 고통들이 그제서야 한꺼번에 해결된 것이었다.

6학년 마지막 겨울방학식을 하고 집에 갔을 때 아버지는 집을 따뜻하게 해놓고 "그동안 남매들 고생이 얼마나 심했느냐?"고 위로하시며 돼지고기를 볶아서 마음껏 먹을 수 있도록 배려하셨다. "부디 잘 먹고 건강해서 다시는 매 맞지 말거라" 하고 말씀하시고 내 가는 다리를 주물러 주시며 눈물을 닦으셨다. "당신도 정말 수고 많았소" 하시며 어머니를 위로하셨다.

6학년 때 분기별로 중학교 진학하는 학생과 못하는 학생을 구분하고자 손들라고 할 때마다 나는 못 간다고 손을 들었다. 그러나 부모님은 "걱정 말고 입학하거라. 초등학교를 다녔으니 중학교도 그렇게 다니는 것이다" 하고 말씀하셨다. 그리고 새해 졸업식장에서 어머니는 면장님으로부터 화성군수가 내리는 '장한 어머니상'을 받으셨다.(03년 12월)

바쁜 꿀벌은 슬퍼할 시간이 없다

까만 교복을 입고 모자를 쓰고 거울 앞에 섰지만 어울리지 않는 모습이었다. 자취방은 서신중학교 정문 앞 빨간 기와집이었다. 어쩌면 내 일생에 마지막 공부일지도 모른다는 절박한 심정으로 학교생활에 임했다. 한문이나 수학, 영어, 특히 국어시간은 노력을 많이 했다. 부모님은 어학 쪽으로 뛰어나길 간절히 원하셨다. 친구들이 도와주고 배려해 주어서 일 년은 재미있었다. 그러나 나의 소년시절은 늘 걱정되고 가슴이 시렸다. 내가 소아마비 발병 때부터 현재에 이르기까지 마음고생을 많이 하시고 억센 농사일을 해 오신 아버지의 몸은 이미 깊은 병이 뿌리를 내리고 있었다. 병명은 신장병이었다. 몇 차례 큰 수술도 하셨고 약을 달고 사셨다.

마을언덕이 노오란 들국화가 흐드러지게 피어난 늦가을 주말에 집에 가면 나는 마을입구 소나무에 기대앉아 집을 바라본다. 우리 집 울타리 안에서는 파아란 연기가 한 줄기 하늘로 올라간다. 멀리서 한약 달이는 냄새가 우리집에서 은은하게 흐르고 있었다. 그날도 아버지는 부은 얼굴로 마당가에 앉아서 마른 콩단을 쌓아놓고 콩을 까고 계셨다. "너를 위해서라도 내가 더 살아야 할 텐데, 요즘 더 몸이 말을 안 듣는구나" 하셨다.

아버지는 언제나 일을 할 때면 나를 부르셨다. 칼을 갈고 낫을 갈 때에도 숫돌 사용법을 가르쳐 주셨고 멍석이나 지게를 만드는 법을 정확히 가르쳐 주셨다. "사람은 열두 가지 재주를 가지면 조석간 곳이 없다지만, 이는 성실성이 결여되었을 때 해당되는 것이다. 늘 열심히 배워라. 그리고 진실히 노력하면 그 기술은 너에게 행복을 줄 것이다"라고 말씀하셨다.

나는 사춘기 때 내 자신에 대해 많은 질문을 하게 되었다. '어디에서도 본 일 없는 심한 장애의 몸을 하고 살아가게 하는 그 하느님의 뜻은 무엇일까?'

그럴 때마다 일기를 쓰고 수필을 적어나갔다. 당시 학생주임이신 차화섭 국어선생님은 주의 깊게 읽어보신 후 문법을 조용히 지도해 주셨다. 선배는 바르게 모범을 보여야 했고, 후배들은 깎듯이 선배를 존경하도록 된 중학교 생활은 언제나 즐거웠다.

그렇게 2학년 여름방학이 시작되던 7월 초순이었다. 아버지는 큰 병원에서 퇴원해 오신 뒤부터 곡기를 놓으신 채 앓고 계셨다. 걱정에 학교에서도 공부가 들어오질 않았다.

어느 주말 아버지는 자녀들을 모두 불러놓고 사촌 용선이 형님도 오게 한 후 "민선이를 부탁한다"는 유언을 남기며 숨을 거두셨다. 그 고통스런 마지막 순간까지 눈을 못 감고 가셨다. 나는 그날 한없이 울었다. 몸 불편한 나를 보고 마을 사람들은 더 울었다. 그날의 슬픈 마음처럼 장례기간 삼일 내내 비가 내렸다.

아버지의 빈자리는 한없이 쓸쓸하고 허허롭기만 했다. 그리고 그 해 가을은 너무나 가난해서 학교에 납부해야 할 공납금도 기한을 넘기고 있었고, 너무도 뻔한 일이지만 교무실에 여러 번 불려가기도 했었다. 그해 겨울 작은 누님은 고등학교를 졸업하고 인천으로 취직하여 떠나갔다. 우리집은 동생과 엄마 세 사람만이 살게 되었다. 그때 아버지의 흔적을 볼 때마다 슬프고 고독했었다.

나는 비록 몸이 불편하지만 혼자서 농사일을 다해야 하는 것이기에 내가 할 수 있는 일은 무엇이나 하면서 가정일을 도왔다. 너무나 바쁘고 고달파서 바쁜 꿀벌은 슬퍼할 시간이 없다는 진리를 실감할 수 있었다.(04년 1월)

바닷뜰 시운전

　17세가 되어 나는 무엇인가 내가 할 수 있는 일을 해야겠다고 결심했다. "바닷뜰"이라는 곳은 버스들이 마지막 닿는 종점이자 시장통 마을이다. 그곳에는 '전파사', '시계수리점', '인장점' 등이 있었다. 나는 찾아가서 간절히 호소했다. 내가 할 수 있는 기술을 가르쳐 주면 최선을 다할 뿐만 아니라 후에 보답도 하겠다고.

　당시 상점들은 모두 성한 사람들이 운영하고 있었다. 시계수리점 하는 분은 웃기만 하고 거절도 응답도 안했다. 다만 길 건너 인장점으로 가보라 했다. 그곳에서도 처음에는 반가운 표정으로 "무슨 도장 파는가?" 하기에 "기술 좀 배우러 왔습니다" 했더니 안색이 바뀌며 이곳은 워낙 일거리가 없어서 둘이서 개업한다면 서로가 못 사니 다른 곳에 가서 알아보라고 말했다. 마지막으로 전파사를 찾아갔더니 "이곳에서 일하려면 'R.T.V 기술자격증'이 있어야 한다. 그것은 서울 종로에 학원이 있는데 그곳에서 6개월 간 공부한 후 시험을 보아라. 그리고 자격증을 따와라. 그러면 고용해 주마" 하고 말한 뒤 출장을 가야 한다며 오토바이를 타고 횡하니 나갔다. 나는 처음으로 장애인과 세상의 영역이 판이하게 차별화되어 있다는 걸 실감했다.

그해 1977년 여동생은 고등학교로 진학해서 인천으로 유학을 갔고 어머니와 나는 농사철을 맞고 있었다. 무엇보다도 내가 이동하기 위해서 탈 것이 필요했다. 농로인지라 차도 못 다니고 휠체어는 희귀하여 구할 수가 없었던 것이다. 생각 끝에 나는 차를 직접 만들기로 하고 여러 날 연구하여 설계도를 그린 후, 필요한 재료를 일일이 주변에서 찾아 수집했다. 그런데 가장 중요한 바퀴로 적당한 것을 구할 수가 없었다. 그러던 중 염전에서 바닷물을 퍼 올리는 수차를 보고 아이디어가 떠올라 내가 원하는 규격으로 옛날 마차바퀴를 만들기로 했다.

낮에는 어머니를 따라서 채소밭도 매고, 밤이면 전등불을 훤히 밝히고서 아버지께서 쓰시던 연모를 그대로 사용하여 나무를 깎고, 끌로 파고하면서 바퀴를 만들었다. 그리고 바퀴축은 대장간에 가서 크랭크로 만들어 왔다. 그 양쪽에 바퀴를 단단히 박아서 못으로 고정시켰다. 계속해서 앞바퀴에 포오크를 끼워서 핸들을 용접으로 붙이는 일 등이 나는 너무너무 재미있고 신이 났다. 아마도 일을 하는 동안에는 장애인이라는 나의 현실을 잊을 수 있었기 때문인지도 몰랐다. 물론 내 손끝에서 만들어지는 차를 보면서 희열을 맛보기도 했을 것이다.

드디어 한 달여가 흐른 후 휠체어는 완성이 되었고 내 기대를 저버리지 않아서 시운전은 성공을 거두었다. 1.7km의 바닷뜰을

앉아서 가면 2시간이 걸렸는데 이 차로는 30분이면 갈 수 있게 된 것이다. 나는 양팔로 지렛대를 밀고 당김에 따라서 전진도 하고 후진도 할 수 있었다. 어머니 손에 들려 있는 큰 거울에 비친 내 모습을 보니 나는 너무나도 감격스러웠다. 어느 날 바닷뜰에서 평생 목수 일을 해온 김형석 씨를 만나서 큰 위로와 칭찬을 받기도 했다. 이제는 내가 다닐 때 전처럼 수치심을 느끼지 않아도 된다는 사실이 눈물이 나도록 기뻤다.

그 후에도 나는 밤이면 한자공부도 하고 형님이 사다 놓은 한국전쟁, 삼국지 같은 장편소설도 읽으며 시간을 보냈다. 그러던 어느 날 강원도에서 직장에 다니던 친구가 찾아와서 많은 이야기를 나누었는데 그 친구는 "너의 삶을 성찰하면서 기록해 봐"라는 좋은 충고를 주었고 난 그의 말대로 날마다 일기를 쓰기 시작했다. 그리고 그 습관은 29년이 지난 지금도 계속되고 있다. (04년 2월)

어떤 여인

아버지가 귀천하신 지도 3년이 되던 섣달 그믐날이었다. 그 당시 매화리 큰 방앗간의 주인 할아버님이 치과의사이셨는데 우연히 만날 기회가 있으셨던 백모께서 내 얘기를 하시며 치과 기술 지도를 간청하셨다고 한다. 물론 그날 밤 어머니께서도 찾아가서 간청을 하셨다. 게다가 옆집에 사시는 아버지 친구분이 또 간청을 하였다. 그분은 복잡한 머리를 정리하기 위해 휴식 시간을 가지려고 하니 며칠 후에 보자는 말씀만 하셨다.

며칠 후 어머니는 기적 같은 소식을 갖고 오셨다. "정 그러면 모레 휴가를 마치고 청평으로 떠나니 그때 준비하고 오시오"라고 했다는 것이다.

'아! 내가 먼 길을 떠난다.'

양지바른 추녀 끝에 앉아서 앞산 너머 먼 하늘을 바라보며 나는 깊은 상념에 잠기곤 했는데 하루에도 몇 번씩 그 생각에 한숨이 저절로 나왔다. 태어난 후 고독한 사춘기가 지나도록 자발적으로 고향 서신면을 떠나본 적이 없던 나였다. 고작 4살 때 소아마비를 고친답시고 수원과 인천에 있는 도립병원에 간 것이 전부인 내가 가평군엘 가야 한다니….

밤이면 떨쳐버리려고 해도 불편한 몸을 가진 내가 새로운 환경에서 어떻게 살아가야 할 것인가에 대한 두려움으로 잠을 이룰 수가 없었다.

떠나기 전날 밤 나는 너무나 무섭고 두려워 이불을 쓰고 펑펑 울었다. "하느님 제가 이 무서운 길을 가야만 합니까? 저는 태어날 때부터 늘 아프고 긴장되고 마음 행복했던 시간이 없었는데…."

신자가 아니면서도 기도가 나왔다. 그렇게 나는 울면서 떨면서 누군가 흔드는 손짓에 선잠을 깨고 일어났다.

그날 밤, 어머니께서도 한잠도 안 주무시며 제일 고운 햇솜으로 이불을 꾸며 주시고, 냄비며 그릇, 수저에 이르기까지 제일 좋은 것을 찾아서 보자기에 담아 묶어 주셨다. 다음날 새벽 성에가 하얗게 내리고, 땅은 꽁꽁 얼어 있는데 어머니의 목소리가 들려왔다.

"얘야! 일어나 밥 먹어라. 아침을 먹어야 먼 길을 가지 않나?"

그러나 나는 밥이 목에 넘어가질 않았다. 그렇게 먹는 둥 마는 둥 수저를 내려놓은 나는 리어카에 잔뜩 실려 있는 짐 한켠에 앉았다. 사촌 인선이가 끌어 주고 어머니와 동생이 미는 가운데 리어카는 출발했고 바닷뜰 종점에서 원장님을 만나 버스에 올랐다.

추운 겨울날씨만큼이나 내 마음은 춥기만 한데 고등학교에 등교하느라 버스에 탄 친구들이 얼마나 부러웠던지. ‘나는 왜 이렇게 장애를 껴안고 살며 안개 속 같은 여행을 떠나야 하는 것일까?’ 스쳐가는 창밖의 풍경을 바라보며 김서린 유리창을 닦고 있는 내 머리 속에서는 이 생각이 떠나질 않았다.

마장동 시외버스터미널에서 춘천행 직행버스에 올랐다. 서울을 벗어났을 때 처음 보는 높은 산세와 깊은 계곡을 보면서 생경한 풍경에 나는 몹시 감동했다. 산봉우리는 더 높고 험했으며 굽이굽이 산허리로 아스팔트 도로는 잘도 깔려 있었다. 온종일 달려 청평읍에 도착하니 선생님이 운영하시는 병원은 큰길가에 있고 뒷골목을 20m 정도 지나 별채에 치과기공소가 있었다. 그곳에는 기공실과 기숙사가 있었는데 숙소에는 물건이 쌓여 있었고 며칠간 불을 때지 않아서 방은 썰렁하기만 했다. 도착한 시간은 오후 4시였지만 전등을 켜야만 방안을 살펴볼 수 있었다. 선생님은 연탄난로를 피워 물주전자를 올려놓으며 말씀하셨다.

“오늘부터 너는 여기에서 자거라. 그리고 네가 언제까지 사용할지는 모르지만 항상 화재에 유의하고, 특히 청결하게 사용하도록 해라.”

그날 밤 어머니는 부엌도 없는 추녀 밑에 갖고 오신 반찬과 그릇을 놓아주고 “얘야! 원장님, 기공사님 말씀 잘 듣고 일 잘 하거라”는 말을 남기신 채 먼길을 재촉해 떠나가셨다. 그렇게 해서 나는 추운 대한(大寒)날에 타지에서의 첫날밤을 보냈다.

이튿날 나이든 기사님이 출근하셨다.

"이 아이가 기술을 배우러 먼 곳에서 온 그 아이인가요? 이렇게 힘든 몸을 하고서…."

"…."

나는 온몸을 숙여 인사를 드렸고 그분은 가운을 갈아입고서 책상 위에 놓인 석고치아모형을 일일이 들여다보며 깎고 다듬기 시작하였다. 너무나도 똑같은 모양이 흉측하여 나는 고개를 숙여버렸다. 사람의 외모는 안 그런데 왜 저렇게 흉측해 보일까? 나는 그 때문에 이틀 동안 밥을 못 먹고 난로 위에 끓고 있는 보리물만 마셔댔다.

사흘 후에 그분은 나에게 청소할 때 유의할 사항과 치과재료의 유독성 여부와 화기를 다룰 때 주의할 사항, 정리정돈 하는 방법 등을 가르쳐 주셨다. 이곳에서의 생활이 힘들수록 밤낮으로 두고 온 고향이 떠올랐지만 나는 여기서 죽을 각오로 일에 임했다.

그렇게 땀을 흘리다 보면 밤 아홉 시에 하루 일과가 끝났는데 그 때면 이미 한밤중이었다. 그러면 나는 우물에서 살얼음을 걷어내며 설거지를 했고 머리를 감고 냉수욕까지 했다. 깊은 밤 추워서 잠이 안 오면 한문옥편을 놓고 한자쓰기 연습을 하거나 유일하게 가져온 책인 『레미제라블』을 읽었다.

그 당시 나는 온전히 나를 버리고 살았다. 아무리 맛이 없는 음식이라도 맛있다고 생각하며 먹었고 지저분할수록 더 깨끗이 정돈하고 청소했으며 위험한 일이 있으면 그 위험한 원인을 파악하여 해결하려고 노력했다. 간호사들의 이름이나 주인집 딸 경자의 미모도 느낄 겨를이 없었다.

이 낯설고 물설은 곳에서 불편한 내가 존재한다는 자체가 기적같아 보였다. 나는 꼭 외출을 해야 할 때면 밤이나 낮이라도 사람들의 이목이 뜸할 때를 골라 나갔다. 새벽이면 빗자루로 기공소부터 골목입구까지 깨끗이 쓸고 쓰레기는 분리하여 통에 깔끔히 넣었다. 가끔씩 골목을 지나갈 때면 인적 없는 길 20m가 늘 깨끗해 있는 것을 보게 되었다. 나는 과연 누가 이 외로운 길을 매일 청소하는지가 몹시 궁금해졌다.

그러던 어느 날 새벽, 아직 밖은 깜깜한데 빗자루 소리가 들려서 나가보았다. 포대기로 아기를 업은 한 아주머니께서 길을 쓸고 계셨는데 가까이 다가가서 바라본 그녀의 얼굴은 화상을 입어 일그러진 아주 흉측한 모습이었다. 바로 그녀가 인적 없는 골목을 일년이 넘도록 청소해온 것이었다. 아무런 대가도 없이 말이다.(04년 3월)

내일은 푸른 하늘

1982년 2월 10일, 나는 인천으로 형님을 따라서 이사를 왔다. 부개동이었다. 당시에 나는 이동이 불편하여 일 년간은 방안에서 일만 했다. 창밖을 내다보면, 외출을 자유롭게 다니는 사람들이 매우 부러웠다. 나는 이렇게 시간이 많을 때 무엇을 해도 해야겠다는 생각을 다졌다. 그리고 매일 저녁 5시에 방송하는 장애인 대상 라디오 프로그램인 「내일은 푸른 하늘」을 들었다. 나는 그것을 재미있게 들었으며 가끔 글을 투고하여 당선이 되기도 했다.

그해 10월에는 처음으로 부평 2동 성당엘 갔다. 생전 처음으로 큰 성당을 보았고 본당사제이신 강 마태오 신부님은 손을 내밀어 악수를 하시며 격려하셨다. 그날 사무실에 들러 교리시간을 알아보니, 모든 교리가 저녁에 집중되었으며 이미 상당히 진행되었기에 편입도 어려웠다. 그러다가 '통신교리부'에 입학하였고 주 1회씩 소책자와 문제지가 집에 도착하여 매주 교리를 익히고 외우고 답안을 써서 발송을 하였다. 그렇게 6개월간 수고한 끝에 1984년 2월 부평 2동 성당에서 영세를 받았다. 이어 그해 5월에는 견진

성사까지 받았다.

영세를 받자마자 일신동 성당으로 분가가 되어 새 성당에서 기성 레지오 단체에 가입도 했다. 그해 4월 어느 날 박문학교 운동장에서 인천교구 모든 레지오 단원이 집결하는 아치에스 행사엘 갔었다. 그때 나는 엠마우스 회원인 김정수 씨 부인이라고 자신을 소개하는 자매님을 뵙게 되었다. 그분은 인천교구에 '엠마우스'라는 장애인 단체가 있는데, 형제님 같은 분들을 모시는 단체라며 나를 초대하셨다.

그 후 5월 3일 김포천주교회에서 심재형 요한 신부님의 초대로 '엠마우스', '사랑의 고리' 소속의 남녀 지체장애인 회원들을 초대하는 행사가 열렸다.

나는 그날 진행자가 레크레이션을 진행하고 건강한 청년들이 조건 없이 돕는 모습에 무척 감동을 받았다. 내가 지금까지 살아오면서 전혀 접해보지 못한 모습이었기 때문이다. 나보다 훨씬 정도가 심한 장애인도 많았고, 처음으로 세상이라는 햇빛 아래 나온 것처럼 보이는 분들도 있었다. 모두가 가정에서 지내는 재가 장애인이라고 했는데 그날 파란 하늘만큼 자유롭게 웃고 노래하며 박수를 쳤었다.

이렇게 나는 직업과 신앙생활, 장애인단체에서 소속감을 갖게 되었다. 그 후 나는 매달 엠마우스 월례회에 나가면서 장애인과 성한 사람들이 대화하고 도와주는 모습이 정말 아름답다고 생각했다. 그리고 장애인을 모시고 사는 부인들에게 경외심마저 생겼다.

그리고 나는 방 안에서 오래 전부터 목발을 짚고 걷는 연습을 해왔었다. 하루에도 두 차례씩 방 이 끝에서 저 끝으로 20번 이상 왕복하면 온몸이 땀으로 흠뻑 젖곤 했다. 이때 목욕을 하고 한숨 자고 나면 날아갈 듯이 기분이 상쾌했다. 틈틈이 문학전집도 읽었고 성경쓰기, 한자쓰기 연습도 해나갔다. 그러던 그해 7월 임원 개편 때 정지명 당시 회장님은 나에게 편집부 부서를 맡으라고 하셨다. 그때 나는 약관 24세의 나이로 임원직을 맡아 전 회원들에게 원고를 청탁하며 매달 월보를 만들게 되었다. 참으로 재미도 있고 보람도 많았었다. 매달 등사잉크로 찍어오는 회보뭉치가 대견해 보였다. 나는 두 손이 건강하기에 밤새워 노랑 봉투위에 주소와 이름을 써 넣었고 월보를 접어서 봉투에 넣는 일이 그렇게 재미있을 수가 없었다. 어렵게 취재해 온 글이 다듬어져서 회보에 실릴 때는 내 삶의 성취감도 느꼈었다. (04년 5월)

세 번의 싸움

한번은 이런 일이 있었다. 가톨릭회관 큰 길 건너에는 신포시장이 있는데 월례회가 끝나고 몇몇 회원들이 봉사자들과 함께 한 주점으로 들어가고 있었다. 회원들은 늘 월모임만으로는 아쉬워서 이렇게 모여서 대화하며 식사도 하고 술도 마시며 놀다가 저녁 늦게 들어간다고 했다.

그날은 나도 동참하여 놀다보니 밤 10시가 훌쩍 넘었다. 늦었다 싶어서 서둘러 차를 타고 집에 도착했을 때 골목에서 어머니가 울고 형님이 달래는 모습이 보였다. 이때 차에서 내리는 나를 보자 어머니는 달려와 손을 잡으시며 "무슨 일이 있었느냐?" 하시고, 형님은 상대적으로 화를 내면서 들어갔다. 전화 한 통을 안 한 것이 이런 사태를 몰고 온 것이었다.

그날 밤 형님 내외는 나에게 "왜 전화 한 통 못해서 집안을 이렇게 불안하게 하느냐?"고 하시면서 화를 내셨다. 어머니께서는 그날 밤 "나는 네가 불편한 몸에 어디에서 쓰러져 집에 못 오는 줄 알았다. 만일 네가 죽거나 잘못되기라도 하면 난 곧 죽으려고 했다"고 말씀하시는 것이었다. 나는 그날 밤 긴 한숨을 내쉬었다. '어머니는 나에게 너무나 큰 의지를 하고 계셨구나….'

그후 나는 여수병원을 두 차례 다녀오면서 1985년 7월 10일 수술날짜까지 잡았다. 의사는 수술기간은 2년 이상 걸릴 것이며 척추뼈를 깎고 맞추는 고난이도의 수술도 포함된다고 했다. 많은 사람들의 만류와 격려가 엇갈리고 있었다. 특히 큰외삼촌은 "너희 집안도 불안하고 한데 네가 위험한 수술을 해야 되겠느냐?"고 하시며 극구 반대를 하셨다.

그러나 나는 결심을 굳혔다. 그래서 난 주위 사람들에게 "조금이라도 나아질 수 있다면 나는 그 길을 가겠습니다"라고 선언했다. 그리하여 나는 일 년간 정들었던 장애회원들과 일신동 성당 신자들의 진심어린 격려와 기도를 받으면서 1985년 7월 8일 큰매부가 운전하는 차를 타고 가족들과 함께 내려가 이윽고 여천시 율촌면에 도착했다.

모든 것이 조심스럽고 두려운 낯선 타향에서의 새로운 생활이 시작된 것이다. 수많은 장애인들이 휠체어를 타고 목발을 짚고 다녔다. 내일 척추수술을 받기 위해 환자가운을 입고 창밖을 내다보고 있었다. 병실 유리창밖엔 비가 내리고 있었다. '내일 수술이 잘되어 내가 앉아있는 불편한 자세가 교정될 수 있을까?' 하고 스스로에게 거듭 물어보는 가운데 어느덧 날은 밝아왔다.

이튿날 의사와 간호사 일행이 들어오고 차트와 나의 건강상태를 확인했고 나는 오전 9시 40분쯤 침대차에 태워져 실려가 수술대에 눕혀졌다. 내가 마취로 인해 정신을 잃은 후 다시 깨어난 것은 수술 후 9시간 만인 밤 8시 무렵이었다고 한다. 어머니와 다른 사람들이 나의 사지를 누르며 간호사가 나의 팔에 주사를 놓고 있었다. 온 방이 불꽃을 튀기며 빙빙 돌아가는 것 같았다. 그렇게 나는 이틀 밤을 혼절과 전신통증으로 시달리고 있었다. 참을 수 없는 한계가 올 적마다 간호사가 달려와서 피바다가 된 시트를 갈고 팔에 진통제를 놓아서 잠을 재워 주었다.

그 후 나는 한 달간 수없이 피주사를 맞고 드레싱을 받으면서 병실생활을 보냈다. 병원인근 여관에 숙소를 정하고 회복을 기다렸다. 나의 허리는 두꺼운 석고깁스에 싸여 있었다. 나는 고통스러웠지만 한편으로는 세상의 어떤 간섭이나 시련의 바람도 없는 곳에 머물고 있었다.

하루 중 15시간은 통증에 시달렸고 7시간은 그래도 이겨낼 만한 시간이었다. 나는 그때마다 켐페스가 쓴 『준주성범』을 읽고 써보면서 시간을 보냈다. 독서도 많이 해서 단테의 『신곡』, 존 번연의 『천로역정』, 『프랭클린 자서전』 등을 읽었다. 나는 책을 소리 내어 읽었다. 고통이 몰려올 때마다 더 소리 내어 읽고, 이해가 안 되어도 읽었다. 지칠 때까지 읽었다. 이렇게 하는 이유는 조금이라도 몸이 피곤해야만 밤에 잠을 잘 수가 있었기 때문이었다.

그렇게 일 년을 보내고 척추깁스를 풀자마자 두 다리 수술이 이어졌다. 마취에서 깨어났을 때 두 다리의 통증은 허리 못지않게 심했다.

나는 혼자 있는 시간을, 글을 쓰거나 책을 읽으며 수양의 시간으로 이어갔다. 많은 신자들과 봉사자들, 친지들이 편지를 보내주고 찾아오기도 했다. 그러던 중 3차 수술인 근육 수술이 이어졌고 1987년 7월에야 깁스를 풀고 물리치료를 시작할 수 있었다.

수술 후유증으로는 육체에 기운이 없고 머릿속이 늘 맑지가 않았다. 갑자기 말을 시켜오면 얼른 판단이 서지 않았다. 그렇게 해서 나는 1987년 8월 초순에 모든 병상생활을 마치고 인천으로 돌아왔는데 내가 처음 여수병원을 향해 떠날 때 두려웠던 것처럼 집으로 오는 일도 적잖이 두려웠다.

집에 도착하자 낮에는 많은 사람들이 수술 결과가 궁금해서 나를 보러왔다. 그러나 밤이면 나는 여전히 통증에 시달리고 있었다. 침대가 없어서 허리가 배기기도 했고, 가정이 한없이 황폐해져 있어서 내 마음도 쓸쓸했다. 나는 수술을 해냈다는 성취감보다는 자꾸만 절망이 엄습해왔다. 여동생은 그런 온갖 시련 속에서도 고학으로 대학교를 마쳐가고, 교리를 배워서 영세도 받고 있었다.

그런 동생은 나를 많이 도와주었다. 나는 예전에 그랬던 것처럼 목발을 짚고 걷는 연습을 끊임없이 했다. 땀이 온몸을 적시고 머리에 별이 빙빙 돌 때까지 했다. 그리하여 지치면 그대로 쓰러져 갔다. 반년을 그렇게 지내던 중 귀가 솔깃하는 소식을 듣게 되었다.

계산동에 있는 노틀담 수녀회에서 '장애인 교육원'을 지었는데 기술을 배우고 싶어 하는 장애인은 누구나 무료로 교육받을 수 있게 해 준다는 것이었다.

나는 수녀원이라는 분위기가 그리워서 원서를 써내었다. 그리고 다행히도 합격이 되었다. 이렇게 해서 교육원 봉고차로 통학하면서 나의 새로운 생활이 시작된 것이다. 그곳에서 나는 참 좋은 수녀님과 선생님들을 만났다. 그리고 정(情)도 많이 쌓여갔다. 나는 금속공예과에 소속되어 많은 기술을 배웠다. 그 일은 내가 하는 치과기공기술과 별반 다르지가 않아서 나는 이곳에 들어오길 잘했다는 생각을 했다. 그리고 교육원의 도움으로 귀금속 가공 2급 국가기능사 자격증을 취득하기도 했다.(04년 6월)

길은 너무도 멀고 아득하다는 생각이 저절로 드는 밤이었다.

오전 의사선생님들 회진 돌 때 "피 세 병"이라고 기록되는가 싶었다. 밤새 3병을 맞아야 한다는 것이다. 후덥지근한 실내공기, 방금 회복실에서 옮겨온 환우에게서 나오는 마취약 냄새, 소음하지만 나는 꼼짝 못한 채 이 생명의 생수(血)를 받아야 한다. 눈을 감고 기도를 했다. '……'

시간을 보니 어느덧 새벽 3시 15분이다.

그토록 기나긴 시간 속에 수혈은 끝나고 간호사가 세트를 거둘 때에 나는 우연히 이형기 시인의 「호수」(湖水)라는 시(詩)를 신음하듯 외워 보고 있었다.

어길 수 없는 약속처럼

나는 너를 기다리고 있다.

나무와 같이 무성하던 청춘이

어느덧 잎 지는 이 호숫가에서

호수처럼 눈을 뜨고 밤을 새운다.

이제 사랑은 나를 울리지 않는다.

조용히 우러르는

눈이 있을 뿐이다. 불고 가는 바람에도

불고 가는 바람같이 떨던 것이

이렇게 고요해질 수 있는 신비는

어디서 오는가.

참으로 기다림이란

이 차고 슬픈 호수 같은 것을

또 하나 마음속에 지니는 일이다.

생각해 볼 때 그날 밤 삭신의 고통이 울려 올 때마다 간호사에게 진통제를 놓아달라고 몇 번이나 청원도 해 보았으나 결론은 단호했다.

과장님의 차트에 허가가 없으므로 오직 참으라는 것이었다. 그 순간엔 적잖은 비애를 느꼈으나 시간이 흐름에 따라 참아 넘길 수 있었다.

이제 나는 그런 도움 없이 참아 낼 의무를 했다는 적은 성취감도 있었다. 그리고 다시는 안 올 줄 알았던 간호사가 하얀 종이에 싼 가루약을 주고 나간다.

그것은 진통제 비슷한 수면제였다. 얼마나 반가웠는지 나는 그 쓴 약을 물 한 컵과 함께 달래어 단숨에 넘겼다. 피곤과 몽롱한 의식 속에 잠이 밀려 왔다.

에필로그

나의 이 이야기는 병원에서의 일들을 기억하면서 가장 길고 지루했던 하룻밤의 일기였다. 당시에는 깨끗이 잊고 싶도록 원망스런 밤이었으나 어쩌면 이 이야기가 내 일생에 오랫동안 아주 오랫동안 간직하고 싶은 생각을 갖게 되었다. 그리하여 가끔 펼쳐 읽으며 건강할 때의 그 황홀한 자유로움을 새롭게 인식하고 싶은 마음이었다. (86년 6월)

마르크 샤갈전을 뒤로 하고

    길고 다사다난했던 한 해도 한 달 보름가량 남았을 때, 마음의 정서도 찾을 겸 수봉공원 중턱의 문화회관에서 열리고 있는 "마르크 샤갈" 그림 전시회에 가기로 했다.

    이날 오전은 내내 밀린 글도 쓰고 지난날의 일기도 읽어보았다. 그러다 벽을 보니 약속시간이 되어 택시를 타고 달렸다. 도심 중에서도 유일하게 푸른 숲을 간직한 수봉산은 많은 낙엽이 쌓이고 몇 개의 가지에 매달린 잎새들이 겨울바람에 떨고 있었다. 양지바른 길옆에서 점을 치는 할아버지도 졸고 있었다.

    정문에서 만나기로 약속한 A씨와 함께 입장권을 구입하여 들어갔다. 샤갈! 상상이 자유롭고 색깔과 개성이 강한 샤갈의 그림은 강렬한 … 평소 삼원색과 안정된 구도로 보통의 그림만 보아오던 나에게 새로운 느낌을 주었다. 두 시간 가량 함께 그림의 감상을 전하고 받으며 A씨와 나는 전시회를 나왔다. 40도의 가파른 비탈길을 한 발짝, 한 발짝 내려설 때마다, 먼 바다 끝의 석양이 매우 인상적이었다.

    그것은 나의 어린 시절 보아왔던 그대로의 모습이었다. 학창시절,

나는 소풍과 수학여행은 언제나 가지 못하는 아쉬움을 겪어야만 했다.

"너는 몸이 불편하니까 친구들이 와서 데리고 간다 해도 얼마나 미안하고 고생이 되겠니? 그냥 참아라. 만약에 네가 자유롭게 다닐 수만 있다면 어디든지 너의 마음 닿는 곳으로 다니거라. 그때는 내가 말리지 않으마!"

"어머니! 제가 언제나 걷게 되나요?"

나는 울음 섞인 목소리로 대꾸했었다.

"그래, 만약에, 만약에 말이다. 네가 막대기라도 짚고 다닌다면, 네 자유로이 다니는 것을 말리지 않겠다"라는 희미한 약속을 받고는 체념했었다. 그날은, 밤이슬이 내릴 때까지, 앞산너머에서 바닷가 수평선으로 붉게 타오르며 넘어가는 석양을 바라보면서 애틋한 마음을 삭혀 보냈었다. 그런 세월이 흘렀다.

몇 해 전! 나는 대수술과 물리치료 후, 지독하고도 모질은 긴 고통의 세월을 겪으면서 차츰차츰 회복단계에 이르고 있었다. 지금 이 길을 내려간다는 것은 곁에 동행자가 있지만 말벗이 될 뿐이다.

요즘 가끔씩 걷는 일에 쾌감을 느낀다. 계속 걸어 내려오면서 지칠 줄 모르는 힘이 생겼다.

어린 시절, 겨우 목발 짚고 걷고 싶은 이것이 소망이었다. 그리고 그 꿈은 달성되었다. 이 작은 변화가 이루어지기까지 16년이란 긴 세월이 흘러야만 했었다. 이미 해는 서산바다 깊이로 넘어가고 없었다. (94년 7월)

생각하며 실천하는 자유인(自由人)

자꾸만 주변의 부동산 가격이 심상치가 않았다. 자고 나면 농촌 땅 도시주택 가격이 오르고 있었다. 나는 누님들이 많이 걱정한다는 말을 들었다. 어머니와 살고 있는 몸 불편한 너라도 우선 집을 사라고 하셨다. 나는 지금까지 내 명의로 집을 산다는 것은 생각해 본 적이 없었다. 나와는 먼 이야기일 거라고 생각했었다.

한편 고향에서는 땅을 팔라는 연락이 계속 오고 있었다. 그리하여 나는 아버지께서 유산으로 주신 소로지 큰 논과 못자리 논을 팔기로 했다. 그리하여 마련된 돈이 간석동 송림아파트를 사는 데 소중한 밑천이 되었다. 나는 그 집에 가면서도 내 집인 것 같은 실감이 나질 않았다. 그저 새로운 집, 낯선 땅에서 어떻게 살아갈까 마음이 무거울 뿐이었다.

나는 새 집에 오면서 나의 좌우명을 설정했다. "생각하며 실천하는 자유인"이다. 그 제호는 근정 이태용 형님께서 써 주셨다. 나는 그 소중한 철학을 나무에 파고 깎아서 새기었다.

이런 집을 사게 해 주신 아버지께 감사드렸다. 하느님께 영광

드리며 더 열심히 살기로 결심했다. 엠마우스회에서도 내가 도울 수 있는 봉사영역을 맡아서 돕기로 했다. 그리고 열심히 돈도 벌어서 내가 받았던 은혜를 돌려드리기로 했다. 내 논에 물이 넘치면 이웃 논에 주듯이 지극히 작은 선행부터 실천하는 것이 중요하다고 생각하여 가톨릭교회에 대표적인 복지시설 여러 곳에 후원회원이 되어 지금까지 실천해 오고 있다.

가끔 용기를 내어 거울 앞에서 내 모습을 한참 보다가 나의 심상을 보게 된다. 그 속에는 개선해야 할 폐습이 잔디밭에 잡초가 뿌리를 내린 듯 많았다. 벤자민 프랭클린이 실천했던 것처럼 덕목표를 만들어서 그것을 코팅한 후 지갑이나 수첩에 넣고 다니며 항상 점검했다. 잔디밭에 모든 잡초를 일시에 제거하기는 힘들다. 그러나 평생 꾸준히 하면 제거되고 평정할 수 있다. 지금도 나는 나도 모르게 잘못하는 언행을 항상 감시하고 있다.

일부 엠마우스 회원들은 그런 나를 보고 "너무 답답하다. 너무 치밀해서 인간미가 없는 것 같다" 하고 걱정하고 염려해 주지만 나는 그런 염려에 전혀 개의치 않는다. 내 몸은 더 이상 회복되지 않는다. 한쪽 다리에는 긴 보조기를 신었고 두 겨드랑이에는 목발을 짚었지만 몸매가 멋있어진다든가 세련된 매력은 만날 수가 없다. 이제부터는 심상을 잘 만들고 다스려서 착한 신앙인이 되어보자 했다.

나는 가톨릭신자가 된 것을 매우 기쁘게 생각한다. 단 한 번도 후회해 본 적이 없다. 전국 어디를 가나 한 가지로 미사에 참례할 수 있고 수많은 다양한 지성인들을 만날 수 있다는 점이 큰 장점이다. 성경의 깊고 깊은 가르침은 영원한 샘터로써 나를 이끌어 주신다. 인천교구청에서 개최하는 특강이나 성경공부는 모두 참가해서 듣고 배웠다. 그 중에 새로운 가르침이 있으면 즉시 받아들이고 실천했다.

한번은 이런 일도 있었다. 겨울에 가톨릭회관에서 매주 유료 강좌가 있었는데 그날은 12월 첫 주였고 흰 눈이 몹시 내렸었다. 버스가 마냥 느리게 답동에 도착했고, 나는 소변이 마려워서 차안에서 미칠 지경이었다. 그 순간 기도는 오직 회관 3층 현관에 도착하기까지 부디 소변을 참을 수 있게 해달라는 기도뿐이었다.

그렇게 몸은 다급한데 바오로서원 앞에서 빙판길에 중심을 잃어 넘어지고 말았다. 간신히 지나는 행인의 도움으로 일어났고 다시 비틀비틀 힘겨운 보행으로 3층 관리실에 도착했다. 화장실에서 그 길고 지루한 소변을 시원하게 배설한 일을 나는 지금도 잊을 수가 없다. 너무나 시원해서 그 자리에 쓰러져 자도 원이 없었다. 그날의 강사는 '성염' 교수님이었다. 나만 늦은 것이 아니라 모두들 늦었으므로 강의도 40분 늦게 시작되고 있었다. 나는 한없이 감사하는 마음으로 자리에 앉아서 노트와 필기도구를 꺼내 펼쳤다. 그때 함께 강의를 듣고자 자리했던 신자들이 모두 일어나서 나에게 기립박수를 보내주었다. (04년 8월)

가족이 될 운명

어느 날 겨울이었다. 수원에 사시는 고모께서 우리집을 방문하셨다. 그분은 유심히 나를 바라보시더니 "조카에게 중매할 상대가 있다"고 하셨다. 고모가 살고 계신 다세대주택 이층집에서 동생들과 함께 자취를 하면서 붓공장에 다니는 처녀라고 하셨다. 그렇게 해서 내 사진을 가져가셨는데 그로부터 일 개월 후 수원으로 가서 그녀와 첫 만남을 가졌다. 그녀는 키가 매우 작다는 것 외에는 얼굴도 예쁘고 소신도 있어 보였다.

문제는 나였다. 몇 차례 그녀와 만남을 가진 후 우리는 결혼을 하는 데에는 큰 결함이 없다는 결론에 이르렀다. 그래서 그녀가 자기부모와 친척분들에게 나의 이야기를 전했고, 목발 짚고 서서 웃는 표정을 하고 있는 나의 사진을 모두가 돌려보게 되었는데 격렬한 반대와 긍정적인 반응이 오고갔다고 한다.

양가는 결국 1993년 8월 15일 수원 큰누님 댁에서 만나기로 했다. 생전 처음으로 내가 속으로 혼자 좋아하는 짝사랑이 아니라 공개된 장소에서 사람들의 평가를 받는 심판대에 서게 된 것이었다.

큰 매형과 누님은 귀한 만남일 것이라고 생각하셔서 여러 날 밑반
찬도 만들고, 요리도 해서, 그분들이 오실 시간에 맞추어 정성껏
상을 차렸고, 우리 형제와 가족들은 모두 모였다. 그렇게 양가가
마주한 지 한 시간이 흐르면서 내 마음은 한없이 지치고 힘들었다.

"이 사람이 스스로 자기 생활을 할 수 있습니까?"

"척추 수술을 받았다고 하는데 후유증은 없습니까?"우리 가족
들이 감당하기 힘든 예리한 질문공세에 모두들 진땀을 흘리고 있
었다.

가득 차린 음식상은 손도 대지 않아서 맛있게 끓여온 전골냄비
도 차갑게 식어가고 있었다. 나는 '장애인의 합의결혼이 이다지도
힘든 것인가?' 하고 먼 하늘에 떠가는 구름을 보며 망연자실했다.

그분들 또한 누님 댁을 떠나서 장모님 되실 분과 숙부님은 그녀
가 몸담고 일했던 사장님 내외 댁에서 4시간이 넘도록 우리들의
결혼에 대해 격론을 벌인 모양이었다. 그 중에도 나를 희망적으로
바라보신 분은 사장님 내외분이었다. 어떤 혼처자리보다 어려운
장애, 가혹한 운명을 개척해 온 "홍"이라는 청년 쪽으로 내 마음
은 기울고 있다고 하셨다 한다. 그리고 당사자인 그녀에게 의향을
물어보니 그녀도 전남 광주에서 문구점을 운영하는 총각보다 더
마음에 든다고 했더란다. 이렇게 해서 그날은 각자의 생각을 간직
한 채 귀향을 하셨다. 그날 저녁 그녀는 전화를 해서 지친 내 마음
을 위로해 주었다. 그녀의 따뜻한 마음에 나는 편안히 잠을 이룰

수 있었다.

　추석을 한 주일쯤 지나 처가 댁 작은 아버지께서 새벽에 전화를 하셔서 "홍군, 우리 문중에서 조카딸을 자네와 혼인시키기로 결정했네. 잘 살기를 바라네"라며 축원해 주셨다.

　드디어 결혼식 날, 전남 영암에서 관광버스로 올라오신 그녀의 친지분들과 우리 고향 어른들은 저마다 기뻐하시며 격려의 말씀을 주셨다.

　제주도로 신혼여행을 다녀온 지 일주일이 지난 후 처음으로 전남 영안으로 아내의 집을 방문하게 되었다. 우선 그녀가 몸을 다쳤을 때 평생 간병하며 온갖 보양음식과 한약을 달여 주셨다는 그녀의 친할머니 앞에 큰절을 올렸다. 당시 83세의 노령이셨던 할머니는 사실 날이 얼마 남지 않아 보였다. 그런 분 앞에 내가 따로 드릴 것은 없었다. 오직 감사드릴 뿐이었다.

　이튿날 장모님과 동서의 도움으로 장인과 할아버지가 잠들어 계신 선영을 방문하여 성묘를 했다. 서호면에 사시는 두 분 작은 아버지 댁도 방문했다. 지난여름 맞선볼 때는 그토록 집요한 질문으로 나를 힘들게 하셨지만 이 날은 따뜻한 음식을 마련해서 위로해 주셨다. 그리고 자신이 살아온 이야기와 문중의 이야기를 소상하게 들려주셨다. 작은 아버지 댁을 갈 때에도 처남들이 따라다니면서 언덕을 오를 때는 나를 업고 다녔다.

어느덧 결혼을 한 지도 15년이 되었다. 그동안 친가나 처가나 모두 똑같이 친교를 나누며 살았다. 처가의 작은 아버지들은 언제나 나에게 잘 대해 주셨고 인격적인 대우를 해 주셨다. 그리고 처남과 처제들도 우리를 따르고 의지도 하며 화목하게 살아가고 있다.(04년 9월)

매화리와 회호정의 꿈

1992년 6월 28일 수원에서 첫 선을 보게 되었다. 서로가 장애인인 점으로 얼른 내키지는 않았지만, 뚜렷이 싫지도 않았다. 다음 주일 다시 만나기로 하고 나는 수인선 협궤 열차를 타고 왔다. 차창 밖으로 고풍(古風)어린 추억이 스쳐 지나간다

회호정(回湖亭), 마을 어린이들은 동네 가운데 기와집, 마당가 감나무 밑에서 놀기를 좋아한다. 한참 놀 때에 짓궂은 친구오빠가 몰래 아이들의 신발을 감나무 높은 가지 위에 얹어놓고, 어린 꼬마들이 꺼내려고 기어오르다가 미끄러지고 또 올라가다가 미끄러지는 것을 보고 재미있게 보고 웃는다. 그러다가 가장 키가 크던 덕임(德任)이가 올라갔다. 아슬아슬 흔들리는 가지 끝까지 가서 마지막 신발을 꺼내려다가 중심이 무너지면서 추락하여 정신을 잃었단다.

그 기이한 사건으로 5년 동안 조선대학부속병원에서 입원하여 수술을 하고, 기브스 생활을 7년간 했다고 한다. 해마다 신학기가 오면, 담임선생님은 친구들을 데리고 병상 앞에 와서 위로하며 새 교과서를 두고 가셨다. 그렇게 소녀가 퇴원했을 때는 17살, 친구

들은 모두가 고등학교를 다니지만 그녀는 지팡이를 의지하여 걸으며, ‘무엇을 하면서 살아갈까?’ 멀리 월출산을 바라보았다고 한다. 다만 그녀를 행복하게 했던 것은 할아버지 할머니 부모님 동생들이 똘똘 뭉쳐서 병상생활을 도와준 일이다. 특히 할머니는 그녀의 수족이 되어 주셨다. 그 후 그녀는 영영 키가 안 크는 장애자가 되었다.

그녀는 그 후 먼 친척 어른이 운영하시는 붓공장 견습공으로 들어가서 29세가 될 때까지 탁월한 기술자가 되었다. 동생들 셋이 학교를 마칠 때까지 경제적 도움을 주었으며 3년 전에 돌아가신 아버지의 빈자리를 채우는 데 큰 역군이 되었단다. 그러면서도 어머니와 친지분들은 착한 낭군을 만나 결혼할 수 있기를 간절히 원했다고 한다.

지난해 8월 15일 광복절 날 양가 집안어른이 마주하여 맞선보던 날은 나에게 참패였다. “너무나 장애가 심하다”는 결론이었다. 처녀 쪽 어른들이 깨끗이 일어나서 총총히 사라졌다. 그 절망적이던 순간에, 그러나 유일하게 나를 자세히 바라본 사람이 있었다.

그녀를 13년간 지키며 돌보아준 사장님이었다. “그 청년! 눈빛이 살아있다. 분명 잘 살 것 같은 희망이 보인다.” 그분은 KO직전에 전세를 역전시켜준 은인이었다.

그 후부터는 결혼을 향한 줄기찬 행진이 계속되어, 92년 11월 21일 간석4동 주원성당에서 혼인성사가 이루어졌고, 수많은 친척과

교우들이 찾아와, 축하하며 성원해 주셨다. 결혼식이 끝나고 하객들이 떠나갈 때 처음으로 장모님의 손목을 꼭 잡고 "어머니! 이제부터는 두 어머니 모시는 마음으로 덕임이와 함께 잘 살겠습니다" 하고 위로해 드렸다.

신혼여행을 다녀오고 며칠 후에, 호남선 열차를 타고 영암군 도포면 처가댁으로 첫나들이를 갔다. 제일 먼저 큰 절을 드린 어른은 나의 아내 덕임을 절망적인 골절상에서 구해 주고 키워주신 친할머니(83세)였다. 덕임이는 늘 고통이 쏟아지고 아플 적마다 할머니가 당신의 젖을 만지게 하며, 손녀의 등을 쓸어 주셨다고 한다. 손녀의 눈물을 닦아주셨다는 ㄱ 손과 젖은 너무나 마르고 힘이 없어 보였다. 덕임이가 12살 때 그랬던 것처럼 나도 할머니 젖을 만졌다. "이제야! 우리 덕임이 신랑이 왔어!" 하면서 노인의 눈물은 하염없이 흐르기만 했다.

요즘, 나의 생활에는 몇 가지 변화가 생겼다. 평생 부엌을 못 나올 줄 알았던 어머니께서 늦게나마 자유를 얻으셨고, 언제나 아침이면 정결한 속옷을 내주는 아내의 손길이었다. 많은 이들의 관심과 사랑이 있는 만큼, 인생에 의무도 크다는 것을 생각한다.

나에게는 세련된 센스나 유머 혹은 삶의 기교조차 없지만, 그녀의 조력과 나의 창의로 새로운 삶을 살리라 계획한다.(93년 2월)

*회호정은 아내의 고향, 매화리는 필자의 고향입니다.

아내의 특별한 아이 학습법

　　지난 6월 27일 학교에서 돌아온 승우가, 가방을 열더니 국어점수 34점을 펼쳤다. 참으로 오랫동안 기다리고 인내해온 결실이었다. 승우는 2년 7개월 동안 엄마의 피나는 교육과 반복된 훈련과 정성으로 만들어져 가는 중이다.

　　큰 애 승빈이가 많은 걱정과 우려 속에 93년 10월 28일 태어났다. 승빈이는 유난히 눈이 맑고 예뻐서 어릴 때 사랑을 많이 받았다. 그리고 4년 후 승우가 태어났다. 승우는 임신 4개월에 '염색체 이상'이라는 원장님의 판정 결과를 들으면서 우리부부를 불안케 했다. 그리하여 성가병원에 의뢰하여 양수검사 결과서를 받고서야 출산을 결심하게 되었다. 너무 걱정을 해서인지 그해 11월 19일 낳을 때에는 승우가 고개도 뒤로 쉽게 넘어가는 약한 아이였고 눈빛이 쏘는 듯이 예민해 보여서 걱정을 많이 했다.

　　승우가 6세 때 만수 6동으로 이사를 오면서 '복자유치원'에 등록했는데, 약 한 달쯤 지나서 원장수녀님한테서 편지가 왔다. '승우 부모님 긴히 의논하고 드릴 말씀이 있으니 속히 오시오'라는 내용이었다.

　그리하여 수녀님을 만났는데 "승우가 인지능력, 대체능력이 보통아이들보다 못합니다. 행동이 뒤떨어지며 말을 적재적소에 하지 않으며 동료 어린이들과 잘 어울리지 못합니다. 큰 원인은 우선 언어를 치료해 주어야 합니다. 시간이 없습니다"라는 청천벽력 같은 말씀을 듣고 우리부부는 그날 밤 잠을 못 이루었다.

　생전 처음 들어보는 언어치료사를 만나게 되었고 우리 승우의 지능상태 인지능력을 진단받았으며 유치원 수업 외에 '소리샘 학원'을 더 다니게 되었다. 그 후부터 주3회씩 사설학원으로 엄마와 함께 다니고 아내는 밤 11시까지 일주일이면 6일은 A4용지 2장 분량을 아이에게 읽어주는 반복훈련을 하게 되었다.

　아내는 여러 공부를 고단하게 시키지만 체력은 조금도 뒤처지지 않도록 반찬을 다양하게 만들어서 충분히 영양을 섭취케 해 주었다. 어느 날 저녁때 레지오를 마치고 운전하며 돌아오다 보면 아이 손을 잡고 집으로 걸어가는 모자의 뒷모습을 발견할 때도 있었다.

　자신이 고독할수록 더 엄마에게 집착하고 안기기에 우리 부부는 주4회 이상은 따로 떨어져서 자야 했다. 살림하랴 남편 시중들랴 일 년에 4차례씩 대소사 행사 치르랴 하루해가 어떻게 떠서 어떻게 지는지 헤아릴 새 없이 고통스런 2년의 세월을 살아내었다.

　어느 때는 몸이 아프고 어지러울 때도 있었다. 그렇지만 이기고 해내었다. 언어치료사 선생님 권고 말씀 중에 "아이에게 많은 산경험이 필요하니 여행을 시켜주십시오”라는 말씀이 있었다.

우리 부부는 두 아이를 위하여 여름방학 겨울방학이 오면 2~3차례나 2박 3일씩 먼 여행을 떠났다. 지리산 청학동, 거제도, 진주성, 월출산, 지리산 정령치, 영덕, 동해안 일주, 백담사, 강릉, 오죽헌에 이르기까지 명산 명승지를 돌면서 대화도 많이 하고 사진도 찍어주며 끊임없이 추억을 만들어 갔다.

그렇게 노력한 결실이 있었다. 승우는 KMI에서 주관하는 수학 한문경시대회에서 동상을 몇 번 타 왔다.

할 수 있는 일은 언제나 최선을 다하는 것이다. 아내나 내가 협력할 수 있는 일이라면 언제나 백지장을 맞잡았다.

그렇게 공을 들여온 지도 금년 4년이 되어 승우는 성당에서 첫영성체를 하고 복사반에 들어가서 6개월 간 복사교육과 훈련을 받았다. 금년 11월 하반기 대림시기가 오면 복사 서는 일도 할 것 같다.

우리 부부는 장애인 부부이지만 주변환경은 성한사람 이상으로 삶의 무게와 의무가 수레바퀴처럼 끊임없이 돌며 다가왔다. 지금까지 살아온 것처럼 하느님의 뜻이 계속 펼쳐질 수 있도록 앞으로도 그렇게 살아가겠다.

*이 글은 2007년 노틀담 장애인복지관 지역복지팀 강의 원고의 일부입니다.

유일한 추억이자 위로

며칠 전 나는 고향을 찾아갔었다. 오월의 나무는 윤이 흐르고 바람에 나뭇잎도 흔들렸지만, 고향 가는 버스에 탄 내 마음도 흔들렸다.

'님양싱지' 앞을 비껴가는 쫙 뚫린 고속도로도 빠르지만 서신 종점에서 매화리로 접어드는 산길도 나의 유년시절 고독이나 아픔들을 기억하게 한다.

마당에서 이앙기를 수리하다가, 반색하며 손을 잡는 사촌형님의 얼굴은 나이보다 많이 늙어보였다. 함께 점심식사도 나누고 요즘 경작하는 작목 이야기도 들었다. 그러나 더 말 붙이기가 미안할 정도로 형님은 바쁘셨다. 사과하며 경운기를 운전하여 재 너머 논으로 가셨다.

모두가 떠난 빈집에서 나는 잠시 동생 방에 누워 있다가, 서재에서 수필집 한 권을 빼들고 암산(岩山) 너머로 넘어갔다.

썰물이 지고 난 바닷가에는, 변함없이 해풍이 불어왔지만 내 마음은 착잡했다. 내가 이 바다를 떠나기 7년 전만 해도 이렇게 철저

하도록 닭장 같은 철조망은 쳐져 있지를 않았다. 그러나 베를린의 장벽이 열리고 일본에서 세계탁구선수권대회에 우리 남북한 대표선수들이 단일팀을 구성했지 않은가 하면서도 현재 해변가에 이렇게 높은 닭장철망은 무엇을 의미하는가?

나는 보리수 가시넝쿨을 제치면서 소나무가 줄지어선 산 위로 올라갔다. 한참 땀 흘린 노력이 있어, 나는 제법 수평선과 들녘이 함께 보이는 언덕에 이를 수 있었다.

약 10년 전에만 해도 나는 이 자리에 앉아 "나의 미래" 살아갈 꿈을 안고 초조해 했었다. 그때에는, 맑은 하늘도 슬퍼보였다. 그리고 그 누가 귀에 닳도록 "용기를 내어라. 너보다 더한 사람도 서울에는 많다더라. 잘 살아라"라고 일렀지만, 나보다 더 장애 심한 사람은 만나질 못했다. 늘 그러했다.

그 후 나는 인천에 오게 되었고 숱한 시련도 있었지만 재활 후에 온 기쁨도 있었다. 그리고 진실로 나보다 더욱 어려운 장애인을 만나고 놀라기도 했었다.

그리고 정말 나는 평생 도움만 받는 줄 알았었는데, 내가 협력하고 봉사해야 할 책임을 느낀 지도 벌써 칠년 째다. 해가 갈수록 깊이 관련하게 되고 피할 수 없는 의무감도 크게 다가온다.

그리하여 나는 고향을 찾아오면 피로를 털고, 명상 아래 적잖은 위로도 얻는다. "옛날의 나"와 "현재의 나"를 비교하며 생각한다.

"하느님은 내 삶에 어떤 의미를 부여하실까?" 스스로에게 묻기도 한다. 인간은 죽기까지 걱정이나 근심을 떠날 수가 없다고 하니, 삶에서 어떤 리듬이나 규칙은 몸 안에 키워야 하지 않는가?

그리고 나는 살아오면서 많은 사람들을 만나게 되는데, 그들을 바라보는 시각도 많이 변했다. 한 불행한 장애인을 만났을 때 "하느님은 이 사람에게서 무슨 진실을 보여 주시려고 이 척박한 환경에 태어나게 하셨을까?" 경외한 신비도 느낀다.

어디서 누군가 부르는 소리가 들려 눈을 떴더니 학교에서 돌아온 조카 덕이가 달려왔다. 그 사이 나는 잠이 들었던 것이다.

주위에는 축축힌 이슬! 헤안선에 일몰이 황혼이 깃들자 해품도 잠자고 조용히 밀물이 시작되고 있었다. 덕이는 나를 일으켜주며 넝쿨이 덜한 쪽으로 길을 내며 인도해 주었다. 나는 몇 번이고 산을 내려오면서 짙은 애향심이 일었다. 내년에는, 내년에는, 이곳에 잣나무를 두 그루 심으리라. 해마다 그 나무의 성장을 바라보며 내 삶도 가늠해 보리라.

저녁상은 기분이 좋았다. 서신 시장에서 생선과 조갯살을 사다 찌개도 끓이고, 금년에 모교로 발령받아 교직 생활의 첫발을 딛는 동생인 선이와의 만남도 좋았지만, 10년 만에 큰 변화를 발견하였기 때문이다.

마당에 모깃불을 피워도 모기들이 끊임없이 달려들었지만,

밤이 깊어도 이야기는 정겨웠다. "나는 네가 이곳에서 언제나 일하고 생각하던 모습이, 십 년이 흐른 지금도 언제나 위로를 만나는 것처럼 반갑다. 어떤 어려움이 와도 돌아가신 숙부님처럼 참고 살기를 바라네!"

이튿날! 이슬이 축축이 흐른 아카시아나무 아래를 걸으며 서신역을 향해 걸었다. 고향은 내 유일의 추억이고 위로였다.(91년 7월)

소로지 오솔길

　나는 지금도 가끔 고향의 오솔길을 추억할 때가 있다. 싸리재를 지나서 소로지 마을을 지나면 가파른 비탈길을 올라서면서 서해 바다가 방죽 너머로 보인다. 그 길에 들어서면 시원한 해풍이 온 몸을 식혀주면서 영혼의 휴식이 시작되는 것 같다. 나의 어린 시절, 고단함과 학교에서의 상처를 치유시켜 주던 길이다. 당시에는 좌우로 나지막한 야산에 소나무가 울창하게 줄지어 서 있었기에 추운 겨울이나 더운 여름에도 방풍이 되어주고 그늘이 되어 주었었다.

　그 오솔길은 유일하게 세상과 통하는 길이고 읍내 사람들이 여름과 가을철에 바다로 누룩지 낚시를 하러 오거나 천렵을 즐기러 다니는 소중한 길이었다. 오솔길은 비교적 곧게 나아가면서도 끝 부분이 싹 휘어져서 길이 숲 속으로 사라지는 듯한 신비감이 있다. 어떤 나그네도 그 길을 가면 저 길 끝에는 어떤 마을이 있을까? 목 마른 갈증을 채울 수 있는 우물은 있을까? 하는 간절한 기대를 가 슴에 안으며 발걸음을 재촉하는 힘이 생긴다.

‘공생조합’이라는 철원 김화에서 피난 온 마을사람들이 그 오솔길을 걸어서 먼먼 함박산이나 햄봉산에서 겨울철 땔나무를 구해 오던 소중한 길이다. 또한 일요일이면 소로지 성당으로 주일을 지키러 다니는 생명의 길이기도 했다. 이 오솔길은 언제나 많은 사람들에게 희망과 휴식과 사색을 주었으며 부지런한 삶의 여정이 되어 주었다. 나는 이 오솔길을 늘 어머니 등에 업혀서 학교를 다녔었다.

성장하면서 이 길을 지날 때면 누구에게도 수치심을 느끼지 않았으며, 또한 나 자신이 하늘과 땅과 자연 속에 하나 되는 행복한 마음이었다. 슬플 때면 이 오솔길을 찾아와 소나무에 기대 앉아 실컷 울었다. 그러고 나면 어느새 평온하고 해맑은 힘이 생겼었다. 그런 마음이 비단 나뿐만이 아니었을 게다.

그 오솔길을 지나면 나타나는 막다른 마을이 내가 태어나고 성장한 ‘덧배기’ 마을이다. 어릴 때는 다섯 집이 옹기종기 희로애락을 나누며 살았다. ‘덧배기’ 마을은 내 마음의 영원한 고향이다. 아버지의 아버지가 살았던 땅! 모진 운명을 극복하며 살다가 선종하셨던 땅이다. 그런 땅이 지난 해 사촌 형수와 조카들이 남양으로 이사 나오면서 종가의 역사는 104년 만에 사라지게 되었다.

나는 아버지가 잠들어 계신 땅, 홍법리 ‘삼밭골’ 선영을 1년이면 몇 차례씩 성묘를 간다. 올 때면 아무도 살지 않는 고향 집터를 찾는다. 그곳에 가서 유리문을 내리고 제방 너머 바다를 내다보며

긴 호흡을 한다. 그리고 천천히 자동차를 달려 그 오솔길을 지나본
다. 아카시아 꽃을 한 주먹 훑어서 먹었던 고목도 이젠 베어져 사
라지고, 밤나무 밭도 모두 파내어져 가축을 기르기 위한 목초가 자
라고 있다. 마을에 들어서보니 인적 없는 빈터에 무성한 대나무 밭
이 봄바람에 흔들리고 있었다. 마을 사람들과 나그네가 늘 퍼서 마
셨던 공동 우물도 확장된 농로 길에 퇴색되어 있었고, 빈 마을에
새로이 들어와 살고 이는 두세 집이 있다.

내가 태어나고 장애가 되어서도 많은 생각을 키워주고 마음을 성
장시켜 주었던 터전… 세상에서 가장 고독하기도 했지만, 부모로부
터 가상 상덕한 징신교육을 받았던 성장이 땅…. 아쉬워서 '암산'을
넘어 가보니 신기하게도 우측 바닷가 쪽으로 자동차가 다닌 흔적이
보인다. 그 길을 따라 가보았다. 아, 아! 너무나 반가운 바닷가 모래
톱이 보였다. 낮은 방파제 아래로 수십 년간 밀물이 실어다 준 모래
가 쌓여 있고 바닷가 좌측 낮은 벌판에는 공장이 서 있었다. 무슨
일을 하는 곳인지 알 수 없었지만 굴뚝으로 하얀 연기가 피어나고
있었다. 나는 30년 만에 그 잃어버린 유년의 바다를 찾을 수 있었
다. 옛날에 내가 도저히 접근할 수 없었던 바닷가에 도달하는 오솔
길이 생긴 것이다. 그 길을 바라보면서 한숨과 아픔을 날려 보내며
파란하늘과 맞닿은 수평선을 바라보며 저 멀리 도리섬에는 누가 살
고 있을까? 상상해 보았다. 나는 이번 여행을 통하여 오솔길 안에서
옛 고향을 만났고, 암산을 지나서 그 바닷가를 갈 수 있는 추억을

찾았다.

　소로지 오솔길은 중년을 넘기는 나에게 은총의 길이었다. 지금도 위로와 평안을 동시에 주고 있다.(06년 3월)

아버지의 숫돌

아버지는 생애 60년을 살다 가셨지만 나는 많은 추억을 간직하고 있다. 그 중에서도 아버지께서 40년을 사용하셨다던, 숫돌은 내 인생에 결코 지워지지 않는 교훈이라고 생각된다. 아버지는 단 한 번도 인생을 간단하게 실지 않으셨다. 가난하고 어렵기만 했던 농촌생활을 매우 강하고 알뜰하게 살다간 인생의 뒤안길에는 언제나 아버지의 숫돌이 있었다.

1975년 아버지가 돌아가시고 아버지가 아침·저녁으로 낫을 갈고, 칼을 갈고, 작두날을 세우던, 그 숫돌들은 세 개나 나란히 마당가에 놓여 있었다.

아버지는 늘 낫이 많았다. 우연히 길을 걷다가 만난 참숫돌은 언제나 아버지의 애용품이었다. 늘 낫을 갈아 시퍼렇게 날을 세우면 햇살에 비춰 보신 후, '바-소쿠리'를 얹어 맨 지게를 지고 먼 먼 햄봉산이나 함박산으로 나무를 하러 가셨다.

아버지는 늘 삭정이나 아카시아 나무 혹은 오리나무를 베어왔지

낙엽송이나 청솔은 해치지 않아서 산 주인도 아버지의 나무하는 방식을 나무라지 않았다고 하신다. 그렇게 해 온 나무는 파란 연기를 피우며 우리 가정의 겨울을 따뜻하게 해 주었다.

내 나이 15세 때에 아버지가 돌아가시고, 그로부터 약 2년 간 나는 생전에 아버지가 하셨던 것처럼 숫돌을 사용하면서, 언제나 아버지의 슬프고 검붉은 얼굴을 보고 싶어 했었다.

내가 18세가 되어 할아버지께서 운영하시는 치과병원 기공소로 가게 되었다. 고향을 떠날 때에 나는 그 힘들었던 숫돌을 다시 안 보게 되어 그때는 기뻤다.

나도 어느덧 불혹(不惑)의 나이가 되어 모든 일을 다 해야 하는 가장이 되었다. 내 생활 속에 어느새 아버지의 삶이 그대로 배어 있음을 실감할 때가 많다. 지금 내 생활에서도 숫돌이 여러 개가 있다. 그 숫돌은 외출용이 있고, 집에서 사용하는 것이 있고, 직장에서 쓰는 것이 있다. 칼이 잘 들어야지 부엌에서는 팔이 안 아프다고 한다.

아내가 가끔 목욕탕에 과도나 부엌칼을 내놓으면 나는 칼을 갈아준다. 어쩌다 엠마우스 회원 가정을 방문했을 때에도 상황에 따라 자동차 트렁크에 싣고 다니는 숫돌을 가져오라고 하여 칼을 갈아줄 때가 있다.

요즘에는 한번 사면 평생 갈지도 않아도 되는 독일제, 스위스제 칼이 많이 수입되어서 몇 년 쓰다가 안 들면 버리고 또 산다고 한다.

숫돌의 수요도 점점 격감하고 있다. 하지만 나는 아직도 칼을 갈아서 쓰는 아버지의 시대를 살고 있다.

그렇다! 나도 칼을 가는 인내심 속에 내 삶의 검약법(儉約法)을 되새길 수 있었다. 아버지의 그렇게 노력하며 살아온 길이 평생 자식들한테 빚을 남기지 않으셨다. 언제나 가난한 이웃을 돕고 격려하며 살아왔었고, 또 그렇게 살다가 생애를 마감하셨다.

나도 가끔은 내 사신을 돌아볼 때가 있다.

이렇게 힘든 장애의 몸으로 인생을 살아간다는 것도 기적 같은 은혜이다. 그것은 아마도 숫돌과 함께 평생을 인내 있게 칼을 갈아왔던 아버지의 검약정신을 배웠기 때문인가 보다. (01년 6월)

어머니의 수의

　　인생에서 가장 결정하기 힘들고 정리하기 힘들어지는 과정이 있다면 바로 죽음이라는 숙제일 것이다.

　　어느 날 어머니께서 "애미야! 애비야! 이것좀 봐라. 나 수의 한 벌 할란다" 하시면서 천조각을 들어 보이셨다. "뭐예요? 수의요? 그거야 어머니 돌아가시면 자식들이 알몸으로 입관할까봐 걱정하세요?" 했더니 성냥을 그으시더니 그 노오랑 불꽃에 천조각을 태우셨다. "이 냄새 좀 맡아봐라! 이것이 국산 천연 ○○삼베란다. 60만원이면 얼마나 저렴하냐?"

　　나는 울적한 마음에 "아니 어머니 그 흉측한 수의는 뭣 때문에 미리 장만하세요. 저는 거저 준대도 싫어요" 했더니 어머니는 "○○할머니, △△할머니도 샀는데 왜 내가 못 사냐? 네놈이 사주기 싫으면 내 통장에 있는 돈을 찾아서라도 산다!"라고 강한 주장을 펴셨다.

내가 평생을 어머니와 살아온 여정 중에서 이번처럼 주장이 첨예한 때는 처음이었다. 나는 집안 분위기를 보아서라도 더 이상 반대할 수 없다는 걸 알았다. 그리하여 아내는 눈치를 보면서 "어머니 마음 닿는 대로 하세요. 더한 것도 못해 드리는데 수의가 대단하겠어요?" 하고 말했다.

어머니는 그 길로 장롱서랍에서 도장과 통장을 꺼내들고 달려나가셨다. 나는 어머니가 나가시고 한참동안 일이 손에 잡히질 않았다. 그냥 울적하다 못해 슬펐다. 어머니 연세가 88세라고 하지만 약속된 그날을 보는 깃처럼 슬펐다.

그러나 두 시간도 안 되어, 어떤 남자가 박스를 안고 어머니를 따라 들어왔다. 어머니는 즉시 박스를 열어서, 보기도 생소한 모자, 버선, 잠옷가지를 펼쳐 쓸어보시며 행복해 하셨다. 나는 쳐다보기도 싫어서 문을 닫고 내 방으로 들어왔다.

얼마 후 차곡차곡 개켜서 박스에 넣으시더니 우리 부부와 아이들을 불렀다. "애들아 내가 죽으면 재산을 짊어지고 가겠니. 내가 가지고 갈 것은 이 옷 한 벌에 화성시 삼밭골 선영, 너희 아버지 산소에 함께 묻힐 뿐이다. 나는 좋아하는 걸 살 권리도 없단 말이냐?" 하셨다.

"어머니의 말씀은 옳은데요. 왜 그 흉측한 수의를 서둘러 사시느냐 말이에요. 돌아가시면 장례식장 매점에서 얼마든지 구입할 수 있는데 뭐가 그리도 급하셔서 이런 걸 집에다 보관하느냐 말이에요" 했더니 "이놈아 너도 좋은 옷 있으면 사고 싶지? 내 마음도 그렇다. 왜 너만 권리가 있고 늙은 애미는 권리도 없단 말이냐?" 아내는 내 옆구리를 콕 찌르면서 눈을 질끔 감는다. 그리하여 나는 마음을 접었다.

"그래요! 어머니 마음이 평안하시고 행복하시다면 잘하셨습니다. 더한 것도 못해 드리는데 수의가 대단하겠어요?" 그렇게 어머니 수의는 어머니 방 장롱 위 한구석에 비본종이에 쌓여 보관되었다. 나는 알 수 없었다. 왜 노인들은 특히 할머니들은 저 끔찍한 수의를 머리맡에 놓고 살아가는 걸까?

여름철이면 더워서 아파트 경로당에서 노시던 할머니들이 아파트 사이 그늘 아래, 평상에 앉아서 대화를 나누고 계신다. 어느 날 주차를 하고 그 옆을 지날 때였다. 한 할머니께서 이런 말씀을 하셨다. "그 할머니 친정어머니가 올해 103살까지 정정하게 사셨대요. 날마다 청소도 하시고 혼자 목욕도 하시면서 사셨대요. 그런데 그 오래 살아간 비결이 40년 동안 수의를 해놓고 사셨대요. 나도 지난 봄에 막내딸이 준 돈, 큰 아들이 준 돈 모아서 수의를 샀어요."

오늘도 어머니 전화가 왔다.

"애비야 서울에 올 일 없니. 배추와 무를 조금 뽑아주고 싶구나."

"예! 내일 저녁에 승종이 수능시험 격려선물로 엿과 홍시 한 상자 사서 갈게요!" 했더니 어머니는 반가워하시며 기다리겠다고 하셨다.

나는 오랜만에 어머니 방 쪽 수의를 생각하며 웃었다. (09년 12월)

포도나무의 행복

　지금 내가 살고 있는 만수 6동에는 가로수가 다양하다. 계절마다 색색의 풍미를 느낀다. 특히 가을이면 남동구청 앞 소래 길에 감나무에는 감이 흐드러지게 열려서 깊어가는 가을 정서를 느끼게 해 준다.

　나의 고향 매화리는 특별하다는 것이 전혀 없는 척박한 바닷가 마을이면서 고단한 농사를 지어야만 살아지는 농촌이었다. 지금은 바닷가가 간척된 폐염전에 수많은 공장들이 들어와서 땅값이 오르고 외국인 노동자들이 많아졌지만, 특히 나의 동네는 지하수도 염기가 많아서 교복을 빤다든지 목욕을 할 때에도 비누거품이 잘 일지 않았다. 그나마 지하수도 풍족하지 못해서 벼농사를 지을 때 하늘을 향해 비를 청하는 기도를 할 때도 많았다.

　그 척박하고 배고프던 시절! 맛덕이네는 감나무가 4그루 돌배나무가 한 그루 있었고, 진천네는 살구나무, 고욤나무, 밤나무, 분도네는 은행나무, 감나무, 대추나무까지 있었는데, 우리집만 없었다. 아버지는 집 앞 삼밭에 배추, 무, 고추, 들깨 같은 채소만 심기에

계절마다 감이나 살구를 맛보는 이웃집들이 부러웠다.

우리 집에는 수숫대를 엮어서 울타리를 둘렀는데, 바닷바람에 넘어지지 말라고 울대용으로 미루나무 혹은 참죽나무를 돌려가며 심었다. 그 고독한 마을에 겨울이면 먼 고장에서 친척들이 아버지를 만나러 오면서, 사과, 배를 사 오셨다. 얼마나 반갑고 반가웠는지 모른다.

우선 공부하라고 들볶이는 일이 잠시 중단된다. 여름내 소중하게 기른 토종닭을 잡아서 닭죽에 가짓수 많은 반찬에 저녁을 맛있게 먹고 나면 손님이 사 오신 사과나 배 혹은 감을 깎아서 먹는데, 사과 한 쪽을 먹는 그 맛이 너무나 맛있어시 눈물이 났다. 나는 그 때마다 사과씨, 배씨, 감씨를 소중하게 발라서 종이에 싸서 책상 서랍 한켠에 보관했다.

새 봄이 오면 마당끝과 뜰 안 주변에 깊이깊이 파서 그 씨앗들을 서너 알 씩 심었다. 사과씨, 감씨, 대추씨, 살구씨, 은행씨까지 싹 트고 묘목이 클 수만 있다면 나는 세상에서 가장 행복할 거라고 상상하였다. 매일 아침이면 나는 소죽을 쑤고 나서 마당에 심어진 씨앗을 관찰했다. 호미로 잡초도 캐어주고 물도 주었다. 여름이 가고 가을이 되어도 소식이 없어 호미로 파보았더니 모두 썩고 없었다. 그래도 나는 해마다 과일을 먹을 때마다 그 씨앗을 꼭꼭 심었다.

그러던 내 나이 15살 때 아버지가 돌아가시고 깊은 상실감에 젖어있을 때 바닷뜰에 가서 이발을 하고 나무휠체어를 굴리며 오고 있는데, 김석봉 씨 댁 밭에서 오래된 포도나무를 파내고 있었다. 내가 몇 그루 달라고 부탁했더니 그분 손자 김시규가 어린 묘목 5주를 자전거에 싣고 와 마당에 내려주고 갔다. 나는 실과책을 읽으며 뒤뜰 안에 삽으로 깊이깊이 구덩이를 파고 계분을 넣고 다시 마사토를 넣고 소중히 묘목을 심었다. 이 나무가 주저리주저리 열리게 해달라고 기도를 했다. 그렇게 묘목을 키운 지 3년 만에 성목이 되어 포도꽃이 마디마디 열리는데 너무 반가워 눈물이 났다. 날마다 커가는 포도송이를 바라보면서 행복했었다. 나는 포도나무에 지지대를 세우고 그 그늘아래 긴 의자를 놓고 더운 한낮 책도 읽고 잠도 잤다.

그해 가을, 날마다 열리는 첫 포도를 한 바구니 따서 김시규네 갖다 준 것은 물론이고 오는 이웃마다 나누어 먹었다. 그렇게 3년을 포도나무와 함께 행복을 나누었다.

18세 때 먼 도시로 치과기공기술을 배우러 집을 떠나게 되면서 유년의 고향생활을 마감하였다. 지금도 나는 아버지 산소에 성묘를 갔다가 내가 살던 생가 터를 방문해 보면서 내 생애 유일하게 과일나무를 심고 그 결실 앞에 행복했었던 추억을 느껴본다.

나의 장애인 인생은 항상 배워가며 사는 것이라는 걸 실감한다. 대개 나의 유년시절은 사회생활과 대인관계가 늘 차단된 채 살아왔었다. 결혼 2년 후 승빈이가 태어나면서 육아생활은 고통의 연속이었다. 왜 그리 감기는 자주 걸리고, 열이 자주 나는지 병원을 수시로 드나들었는데, 갈 때는 어머니가 업고 가고 올 때는 아내가 업고 왔다. 아이가 말하고 걸음마를 할 때마다 기쁘기도 하지만 무엇인가 늦은 행동이 발견되면 걱정이 되곤 했는데 그럴 때마다 엠마우스 선배 가정에 문의를 하면 세세한 설명과 도움을 주셨다.

그분들의 공통된 조언은 첫째, 어릴 때 정서적으로 잘 대해 주고 둘째, 하느님께 항상 기도하며, 셋째, 부모가 행동의 모범이 되라는 것으로 요약되었다. 그래서 나는 가톨릭 교리 신학원에 등록하여 명철이 형님하고 함께 공부를 했다. 그리고 『한국천주교회사』라는 장편 연작을 읽어내었다.

아이들이 커감에 따라 나는 더 노력을 하게 된다. 남동구청이나 교구청에서 각종 강의가 있으면 들으러 가고 나에게 감동이 오거나 깨달음이 오면 그것을 곧 실천해 보고 있다. 그렇지만 나의 신앙쇄신 노력은 언제나 부족하기만 하다. 연중 성서통독 계획을 세워서 날마다 읽기는 하지만 늘 분심 속에 읽는 시간이 절반을 차지했다.

타인들도 마찬가지이다. 요즘 취업하기 힘드니까 너나없이 공무원 시험을 보느라고 대학 졸업한 학사출신들이 고시촌에서 머리를 싸매고 죽기 살기로 공부하지만 영원한 생명을 주시는 성경을 배우려고 그렇게 노력했다는 사람은 좀체로 만나보기가 어려웠다.

나는 소원이 있다면 승빈이와 승우가 커서 이 세상에서 꼭 필요한 사람이 되는 것과, 비록 내가 비천한 장애인의 몸으로 태어났지만 소명을 다한 끝에 죽는 것이다. 가장 아름다운 삶이란 지금 이 시간 내가 할 일을 찾아서 최선을 다하며 살아가는 길이라고 생각한다.

내가 몸이 약하고 행동은 한없이 불편하지만 그래도 희망의 불씨를 살려올 수 있었던 비결은 신앙의 불씨를 가슴에 간직해 왔기 때문이다. 그리고 나는 영원히 그 불씨를 살려가면서 생각하며 실천하는 자유인으로 나의 인생길을 가려고 한다.(04년 10월)

살아 있는 날이 최후처럼

가장 고단하고 아플 때에는
이 아픔을 간직해서
잘 살아보겠다고 결심합니다.

그러니 신산(辛酸)한 역경이 지나가고
내 몸과 마음이 잔잔해지면
지난날의 깊은 결심은 봄눈처럼 사라집니다
나는 너무나 나약한 자연인입니다

그리하여 저는 이것이 꼭 필요합니다

신록의 오월이 오듯이
가을산에 단풍이 깊어가듯이
그리운 대자연을 닮고 배우고 싶습니다

오늘도 저는 상념 속에
푸르름을 간직한 플라타너스 길을 걸어봅니다.

3부

내 삶의 오아시스

그날이 오면

주님! 그날이 오면
저는 그날이 오기 위한
그 중간날을 맞이할 겁니다.
그러면
당신께서 주신 그날의 소명이
더 명료하고 밝은 것이기에

긴 겨울의 어두운 밤도
황량한 벌판시 살을 애이는
추위의 아픔도 입김에 손 녹이며
갈근을 씹어 가면서
당신의 신념을 바라보며 살으렵니다.

내 자신을 절제하며
더 나은 내일을 위하여
그날그날의 숱한 나날들을
음미하면서 살으렵니다.
저의 두 눈으로
긴 겨울의 터널을 지켜보렵니다.

아! 그날이 오면
맞이하는 나의 봄은 너무도 따뜻하고
한 줄기 실바람 코발트 빛 하늘아래
햇살은 더욱 밝을 것이기에…

운명에 맞서

누구나 육체의 십자가를 이겨내지 못할 때는 정상적인 정서생활까지도 무너지게 된다. 잔잔히 살아가다가도 사회로부터 인격을 무시당했을 때는 불구자식을 둔 부모의 터질 듯한 아픔 그것은 사랑이 쇠잔하여 좌절의 늪으로 빠져드는 슬픈 역전극이다.

나는 일찍이 부모님께 효도를 하여야겠다는 가상한 생각은 포기한 지 오래였다. 그저 나 하나만 잘 지켜도 반 효도인 것이다. 나의 내적 외적 고충 속에 얻어지는 수많은 폭발 요소들을 달려드는 시련의 화살이 터트리지 못하도록 유연히 움직여 비껴가면서 맞서 싸우는 것이다. 현재의 불행 안에서 나를 잘 다스림으로써 부모님의 상하는 마음을 유보시킬 수 있으며 잔잔한 가정에 풍파를 방지할 수 있는 것이다.

어떻게 하면 나 같은 사람도 참된 신앙인답게 멋있게 살 수 있을까? 어떻게 하면 나 같은 사람도 이름 없는 골짜기 속에서 곱게 필 수 있는 들국화처럼 아름답게 보여질 수 있을까?

나는 이것을 끊임없이 연구하며 실천 노력하고 싶은 것이다.(86년 10월)

노래하는 빵가게

그때가 18년 전이었다. 서울교구 성산동 성당에서 매달 마지막 주 화요일 저녁, 장애인 미사를 하기 위해 우리 단체 엠마우스에도 초대가 있었다. 나는 활동 가능한 회원 몇몇과 함께 그날 저녁 미사에 갔다.

춥고 의자도 불편한 천막성당 미사였지만 한국에서 처음으로 전적인 장애인을 위하고 그들의 설자리를 위해 헌신하는 미사였기에 그리움 반, 반가움 반으로 나는 그 힘든 노정을 찾아갔었다.

그때 미사 중 특히 기억에 남는 일은 화요일 저녁미사 해설과 성가 반주를 하던 심현석(엘리지오) 씨였다. 그는 미사 시간 20분 전에 기타를 메고 와 그날 성경 말씀과 전례에 맞게 성가를 선정하고 기도하면서 차랑차랑한 반주와 낭랑한 음성으로 성가를 멋들어지게 불렀는데 감탄스러웠다. 매우 음이 정확하고 성가가 한층 성가다웠다.

나는 지금도 그때에 심현석 씨가 잡아준 몇 곡의 중요부분을 기억하여 신중하게 부르고 있다. 그는 몸이 날씬하다 못해 깡마르고

안경을 썼으며 미남형이었다. 많은 사람들이 있는 자리에서는 말수가 적고 무척 겸손했다. 미사가 끝나면 저녁 늦게 작은 예수회 공동체 집에 모여서 밤이 깊도록 간식을 먹으며 친교 시간을 가졌다. 그때 나는 여러 사람과 대화를 하기도 했지만 심현석 씨와 대화하기를 좋아했다.

그는 결혼하여 아내가 있으며 합정동에 조그만 빵 가게를 운영하고 있었다. 매일 새벽이면 이스트를 배합하고 소금 설탕을 간한 밀가루 반죽을 빚어 오븐기에 구워서 그날 종일 팔릴 빵을 만드는 고달픈 가장이라고 한다. 새벽부터 오전 11시까지 몹시 바쁘고 그 후부터는 조반도 먹고 천천히 빵을 굽고, 팔고 … 그렇게 반복하여 자정이 다 되어서야 문을 닫는다고 한다. 그는 젊은 날 너무 삶이 무의미하여 학창시절에 심취했던 기타를 다시 찾아서 치기 시작했단다. 낮에 3~40분씩 시간을 내어서 반주를 하고 노래도 불렀다고 한다. 그렇게 빵 가게에서 잔잔한 통기타 음악이 나오자 행인들도 관심을 갖고 안을 들여다보고 서성거리다가 빵을 사가는 좋은 현상이 있었다고 한다.

그리하여 현석 씨는 보다 섬세한 연주와 노래의 혼을 살린 창법으로 무르나보니 짐점 "노래하는 빵 가게"로 소문이 나고 장사도 잘됐다고 한다. 그는 잊고 있었던 신앙을 깨워 평일 저녁미사 한 시간을 봉사하기로 했다고 한다.

언제나 맡은 일에 성실한 준비와 확고한 믿음으로 전례를 해설하고 성가를 반주했던 그의 자세에 여운이 남는다. 그는 저녁시간 빵을 먹으러 오는 손님들을 위해서도 그렇게 노래를 불러줄 것이다. 한 가지 작은 일에 최선을 다함으로써 기쁨을 느낄 수 있다면 그는 분명 행복한 사람이다. (01년 10월)

길벗

인생이라는 길을 가다보면 항상 길벗을 만나게 된다.

우리나라에는 가톨릭 성직자로 중대한 장애의 몸으로 살아가는 유일한 사제가 있다. 물론 사람은 늙으면 한번은 장애인 몸으로 살아갈 때도 있지만 33세의 젊은 나이에 휠체어에 몸을 싣고 매일 미사집전을 하고 성무일도를 바치는 신부는 바로 원주교구 '장주기 요셉재활원' 장(長)으로 재직하시는 백학현 베드로 사제이다.

그분은 광주 가톨릭대학교를 졸업하고 원주교구 사제로 서품을 받으셨다. 함께 서품을 받으신 동료 사제들 중에는 고향 용소막 성당에서 앞뒷집에 사는 친구 사제가 있었다고 한다. 두 사람은 대신학교 입학했을 때나 졸업할 때까지 언제나 서로를 격려하고 위로하면서 함께 선한 목자의 길을 가자고 약속하며 결연한 의지를 나누기도 했다고 한다.

그러나 위기는 서품 보름 후였다. 서품 후 휴일도 없이 이곳저곳 순회미사하고 인사 다니느라 젊은 나이지만 몹시 지친 몸을 쉬러 용소막을 찾아 승용차에 몸을 싣고 운전하며 본가를 찾아오는 중이었다. 마을에 거의 다다랐을 무렵, 급커브 지점에서 졸음운전으로 차는 언덕 아래로 구르고 두 사제는 정신을 잃었다고 한다. 두 사제는 중상을 입어 원주병원에 후송되었다.

그 후 한 사제는 성한 몸으로 퇴원할 수 있었는데 백 신부는 중대한 척수 손상이 예상되어 부천 성가병원에 입원하여 오랜 세월 물리치료를 받았지만, 끝내 종신장애의 판정을 받고 앞날이 깜깜해지는 절망의 끝을 느꼈다고 한다. 얼마간은 '이것도 하느님의 뜻인가?' 하고 원망 혹은 분격(憤激)도 했지만 그 초유의 사건으로 수많은 선배 사제들의 위로와 기도, 그리고 평신도들의 눈물어린 간구 속에 백 신부는 힘을 얻게 되었다고 한다.

그리하여 성가병원에서 퇴원 후 원주교구에서 가장 안전시설이 잘 되어 있는 천사들의 집에 입촌하여 최기식 신부님을 도와서 미사집전도 하고 고해성사, 신앙상담을 도우며 성직을 이어갔다고 한다.

개인적으로는 강원드림팀에 휠체어 농구선수로 참여하여 신경이 살아남은 부분 상체운동을 지속적으로 하여, 현재는 자신의 신변처리를 100% 홀로 할 수 있는 삶을 이루었다고 한다.

그리하여 동료사제들이 그간 본당 보좌신부의 수련을 마치고 각자 본당주임사제로 발령을 받아나가서 금년 2월 11일 원주교구장이신 김지석 주교님의 지시로 현재 장주기요셉재활원에 부임하여 정신지체장애인 25명과 임직원 10명이 일하며, 원주시내 쓰레기

종량제 봉투와 각종 상점에서 사용하는 포장용 비닐봉투를 주문
받아 납품하는 원주시 보호 작업장을 운영하게 되었다고 한다.
　또한 1999년 가을학기부터는 상지대학교 행정대학원 사회복지
학과에 입학하여 사회복지학을 공부한다고 한다.

　어느 시인의 글 속에 "바람은 예기치 않은 데서 마구 불어온다"
는 말처럼 인생에는 내일 내가 어떻게 될지를 아무도 모른다. 그러
나 지금 내가 서 있는 위치에서 현실을 받아들이고 자신의 본분을
다하는 것이 하느님 보시기에 얼마나 아름다운 일인가.(00년 12월)

철이 아빠

나 어릴 때 고개 너머 마을 중심지에 장씨라는 30대 후반 부부가 농사를 지으며 살고 있었다. 그는 훤칠한 키에 구레나룻이 거뭇한 미남이었고, 성품이 어질고 의협심 강한 사람이었다.

남편이 원래 남과 싸울 줄 모르고 대개 양보를 많이 하기에, 아내는 알뜰하면서도 좀 악착같은 데가 있었다. 그렇지만 그것이 결코 마을 공동체의 분위기를 깨는 그런 성격은 아니었다.

부부는 독실한 감리교 신자였다. 가끔 늦은 밤 학교에서 올 때면 부부가 성경과 기도서를 들고 수요일 밤 예배에 간다고 한다. 남들은 일주일 중 7일을 노동하지만 그 댁은 주일만큼은 꼭 예배를 가므로 그날, 오후부터나 호미 들고 논밭에 가는 모습을 어쩌다 보게 된다. 그런데 운명은 얄궂게도 이 부부에게는 자식이 없었다. 항상 어린 아이들을 보면 예뻐하면서도 태기가 없는 그들 부부의 심정은 오죽했으랴! 이런 아픈 상처를 달래는 그 부부에게 항상 따라 다니는 상징어는 "애 못 낳는 집"이었다.

한번은 이런 일이 있었다. 우리 마을 바닷가 쪽에 외로이 언덕

위에 양철지붕을 한 오두막집에 아들하고 둘이 사는 할머니가 계셨다. 그분은 1·4 후퇴 때 신의주에서 피난 오셔서 지금까지 그곳에 사시는데, 그분도 성품이 곱고 착해서 늘 마을사람들의 다정한 이웃이 되고 있었는데, 그 할머니는 넓은 뜰에 항상 꽃을 많이 심으셨다. 그런데 그 댁에 손바닥 같은 선인장이 7년 만에 수많은 꽃을 피웠다고 한다. 서신면 각처에서 많은 여자들이 와서 따먹었는데, 특히 그 꽃은 신령해서 손을 대면 부정을 타니 입으로 따먹어야 효험이 더하다고 해서 많은 사람들 중, 특히 장씨 부인은 두 손을 뒤로 묶고, 얼굴에 가시상처 투성이로 피를 흘리며 9개나 따 먹은 뒤 울면서 갔다고 한다. 그렇게 한 후 일 년이 흘렀지만 아무런 변화가 없었다.

그해 초여름 한창 모내기에 품앗이로 마을 사람들이 모두 모여 돌아가며 모를 내는 날이었다. 그날은 목시울 홍기네 큰논 모를 내는 날이었다. 그날 장씨도 한 일꾼이 되어 못줄을 넘기면서 모내기에 동참하는데 새참으로 막걸리를 마시고 돌아가며 노래를 부르면서 일에 흥을 돋우었다.

한창 여흥이 돌고 아주머니들은 저 나름대로 이야기꽃을 피울 때, 유난히도 아들을 많이 낳은 홍기 엄마가 자식자랑 겸 투정을 하면서 "나도 어느 때는 장씨네가 부럽다니깐! 아들들 다 장가들여 놓으면 저가 잘나서 큰 줄 알고, 제 계집만 위하지 부모를 알아주나?" 했더니 달기 엄마가 그 말을 받아서 "그래요! 무자식이

상팔자래요” 했다.

여기까지는 무난했는데, 누군가 또 실수를 했다. “장씨는 저렇게 허우대가 좋은데 왜 자식을 못날까?” 이 말을 홍기 엄마가 받았다. “아니! 누가 아니래 안타깝지 뭐야! 그 방법을 가르쳐 줄 사람 없을까?” 하자 20여 명도 넘는 일꾼들이 배꼽을 잡고 웃었다. 아까부터 조용하던 장씨가 홍기 엄마한테 화를 냈다. 그러나 지지 않고 홍기 엄마가 말대답을 한 것이 화근이 되었다. 장씨의 인상이 무서운 헐크가 되었다. 힘센 장정 여럿이 달려들어 장씨를 끌어안았다. 장씨는 통곡했다.

그 후 장씨는 더욱 종교에 심취히였다고 한다. 그러던 그해 겨울 장씨네 아기가 생겼다. 영아원에서 입양한 아이였다. 그 부부는 실로 17년 만에 아기를 본 것이다. 수숫대로 엮은 울타리 안으로 하얀 기저귀가 바람에 휘날리고 두 부부도 끔찍이 사랑했다. 그 아기는 사내 아이였고 목사님 앞에 데리고 가서 세례도 주었다고 한다. 장씨 부인이 늘 아기를 등에 업고 남편이 일하는 논으로 점심밥을 이고 가는 장면을 흔히 보게 되었다. 그리고 아들 이름은 철(哲)이라고 불러서 그때부터 장씨는 “철이 아빠”, “철이네”라고 불렸다. 원래 호탕한 성격의 철이 엄마는 문맹률이 높았던 당시 시골에서 유일하게 한글을 읽고 쓸줄 알아서 이장의 간청으로 부녀회장직도 맡게 되었으며 언제나 철이에게 고운 옷을 입혀서 안고 다녔다.

철이가 다섯 살 되던 무렵 장씨는 더욱 신앙심이 깊어졌다. 낮에는 일하고 밤이면 교회에서 철야기도를 했다. 그러더니 다음해에는 뜻밖에도 신학대학에 다닌다고 소문이 돌았다. 어느 날 나도 토요일 오후, 길에서 만났는데 깔끔한 양복을 입고 양손에 가방을 들고 오는 아빠를 철이가 달려오며 반기는 것을 보았다. 남편이 못하는 농사일을 억척스럽게 해나가는 아내의 모습도 대단하게 보였다. 그러기를 몇 년 하더니 철이네가 이사를 간다고 했다. 아마도 철이가 국민학교 입학 전이었을 것이다. 그리고는 또, 얼마 있다가 철이네 집은 전혀 딴 사람이 이사를 와서는 농사를 짓게 되었다.

그런 세월은 가고 추억은 남았다. 10년이 흐른 며칠 전 나는 아내와 고향 큰 댁을 다녀오게 되었다. 지금은 옛날의 신작로가 더욱 넓어지고 시멘트 포장이 되어서 택시가 자유로이 다닐 수 있는 편리한 길이 되었다. 철이네가 살던 집터는 헐렸지만 당시에 심어져 있던 참죽나무는 더욱 높아졌으며 까치의 빈둥지만이 남아 있었다.(93년 10월)

위로자 미카엘

부평 5동 성당은 매우 웅장한 십자가와 이상철 신부님이 생각나는 곳이다. 미카엘네 가정이 5년 전 그렇게 가난하고 어렵던 시절에 부평 5동 본당 신자였다. 당시 아빠는 당뇨병으로 고통스럽고 할머니 할아버지는 병환중이고 두 딸들은 고등학교 입학을 못하고 있었다. 아빠는 차라리 공장에 여공으로 취업할 것을 주장하셨고, 엄마는 시장 포목전에서 한복 제조일을 도와서 조금씩 들고 들어오는 생활비로 조석을 이어갔다고 한다. 남들은 미카엘네를 걱정하며 이렇게 말했단다.

"미카엘처럼 심한 중복장애자가 있으니 얼마나 가난이 힘드십니까?" "아닙니다. 미카엘은 위로자예요. 그 어머니가 삶을 포기하지 않게 하는 의지입니다. 하느님이 이 아이로 하여금 지켜주시는 겁니다."

그때마다 이상철 신부님은 이렇게 말씀하셨다. 그분은 본당 설립 중에도 간간히 봉성체 오시고, 쌀말이나 안고 찾아와서 용기 주시고 성사를 주고 가신단다.

어느 날은 병원에서 진찰을 받았는데, 의사 선생님이 깜짝 놀라면서, "이런 상태의 환자는 죽어도 옛날에 죽었을 텐데 이렇게 살아오기까지 가족의 희생이 얼마나 컸겠느냐"고 어머니를 위로하더란다.

미사가 시작될 무렵이면 두 개의 스포트라이트에 불이 켜지고, 거대한 십자가는 장엄한 위용을 나타낸다.

하루는 "거대한 십자가가 하루이틀에 완성된 것이 아니듯 미카엘도 하느님이 보내신 작품입니다"라고 이상철 신부님이 말을 맺는다. 물론이다. 철근 수백 개를 꼬고 잇고 하여 만든 예수님 형상은 제작기간만 일 년이 넘게 걸렸단다.

그 후 5년의 세월이 가고 미카엘네 가정은 부평시장으로 이사를 갔다. 큰누나는 학교서무실 경리로 작은누이는 간호조무사로 각각 취업되었으며, 아빠도 간간히 노동벌이 하시고, 엄마는 미카엘 돌보면서 한복 짓는 일을 계속 하신단다. 미카엘은 가끔 깊은 명상 중에 하느님을 체험한단다. 아플 때도 하느님의 위로를 받으면 죽음은 더욱 두렵지 않은 신비감마저 느끼고 한단다.

미카엘 말이 "우리집은 지금 큰 부자에요. 앞으로는 넉넉하게 살아갈 축복받은 집"이라고 예고한단다.

나는 돌아오는 길에, 웅장한 십자가와 미카엘이 자꾸만 기억에서 스쳐갔다. (90년 1월)

법부리 장님

　나 어렸을 때, 바닷가 마을에 한 외로운 맹인이 살고 있었다. 그는 어디에서 이사를 왔고, 누구의 가족인지는 분명히 알 수가 없었지만, 그는 독신이면서도 훌륭하게 자신의 삶을 살았다.

　나는 어렸을 때 늘 나의 가족으로부터 백미리(白米里)를 들어가는 길목에 한 장님이 살고 있다는 얘기를 들으며 자랐다. 그는 전혀 사물을 볼 수가 없는 시각장애인이지만 늘 부지런하고 유순한 마음씨를 간직했으며 손재주가 뛰어났다는 이야기였다. 특히 그의 집은 갈대밭이 무성한 바닷가에 외딴 초가집이라고 했다. 지리적으로는 구리섬이라는 마을과 당너머라는 마을로 가는 갈림길에 위치해 있지만 늘 외로운 집 한 채라고 했다. 특히 몹시도 눈이 많이 내리고 추웠던 그 당시 긴 겨울에도 모진 바닷바람을 맞아가며 살아야 했을, 불쌍한 사람이었다.

　그 시절! 나의 아버지는 언제나 겨울이면, 우리 집으로부터 이십 리는 멀리 떨어져 있는 햄봉산이나 함박산에까지 가셔서 땔나무를 해서 지고 오셨고, 그런 날 밤이면 온가족과 저녁을 드시면서,

그날 보았던 그 장님아저씨 이야기를 해 주셨다.

"오늘은 함박산에서 나무를 지고 내려오다가 그 장님을 만났지 뭐냐! 그도 지게에 나무를 가득 지고 긴 작대기로 길을 더듬어가며 내려가는데 훌륭히 내려가던 걸!" 하실 적마다 나는 유난히 그 사람이 보고 싶었다. 특히 나의 유년시절 추억 중에는, 추석이 오면 연휴를 전후해서 '도토리따기' 행사가 있었다.

중학교와 초등학교를 다니던 형과 누나들이 밥과 음식을 싸가지고 멀리 함박산에 가서 온종일 키 작은 나무에서 가도토리나 상수리를 따서 오는 일이었다. 그것은 가난하고 배고팠던 시절 중요한 겨울철 간식인 도토리 녹말가루를 장만하는 즐거운 행사였다. 그러나 경쟁적으로 따는 재미도 있어서 온 마을 어린이는 몽땅 따라갔지만, 언제나 나는 그 대열에 있지를 못했었다. 그날 밤에도 누나는 장님아저씨 이야기를 했다.

"오늘 산에서 보았는데, 그분이 참싸리나무를 베지 않겠어!"

어찌나 낫질이 정확한지 냄새를 맡아가며, 손끝으로 쪽 고른 여부를 확인하면서 베고, 알맞은 길이로 다듬고 추려내어 단으로 묶어서 지게에 지고서 산 능선을 더듬어 내려가더라는 것이다. 이렇게 어린 시절 나에게 장님아저씨 이야기는 늘 감동과 호기심이 교차했었다. 그렇게 많은 세월이 흘러서 나도 성장했다. 사춘기 때 나는 세상에 대한 관심과 탐구심이 많아서 17살 때 내손으로 손수 설계 제작한 나무휠체어를 운전하여 다니기에 이르렀다.

그리하여 나는 얼마의 계획을 세운 끝에 우리집에서 10리는 넘게 떨어져 있는 법부리라는 마을을 찾아갔다. 그날은 유난히 날씨가 청명한 가을날이었다. 길가에 지팡이를 짚고 가는 노인이 서 있었다. 어디를 다녀오는지 예사 노인이 아니었다.

내가 어린 시절 들었던, 그 바닷가가 내려다보이는 작은 언덕 길가에 오두막집이 하나 있었다. 싸리문을 밀고 들어서는 그분이 바로 장님이었다. 그는 봉당을 거쳐 방으로 들어갔는데, 그의 방에는 바구니와, 족대, 삼태기 등 온갖 싸리나무로 엮은 집기들이 가득 차 있었다. 비로소 그는 두 손으로 정성껏 바구니를 만들어 팔아서 생활한나는 깃을 직감했다. 벽에 시꺼먼 그을음이 있었다는 것은 그가 분명, 밤에는 등잔불을 켜고 살았다는 것을 짐작할 수 있었다.

그는 인기척을 확인하고는, 벽장을 열더니 단을 지어 보관한 참 싸리묶음을 길이대로 세어서 펼치더니 잠시 후 #자 형태로 씨줄을 엮어내는가 했더니 어느 사이 그보다 더 긴 싸리를 칼로 절반을 쪼개가며 날줄을 끼워가고 있었다. 땀을 닦아가며 4개씩 뭉쳐진 씨줄을 휘어서 바구니의 운두를 엮어 올라가고 있었다. 나는 한참을 바라보다가 목이 말라서 물을 청했더니 그분은 친절히 말했다. 들창문을 밀면 바로 큰 항아리에 물이 있다고 했다. 그곳에 담겨 있는 표주박으로 물을 꿀꺽꿀꺽 마셨다. 물맛이 무척 좋았다.

그는 혼자 살았지만 용모나 차림새가 무척 정결하였다. 또한 그의 작은 오두막집도 깔끔하고 질서 있게 정돈된 모습을 기억할 수 있었다. 시골에서는 특히 추석이나 혹은 섣달 그믐 때면 누구나 이발소를 찾아서 머리를 깎는 행사가 있었다. 나는 영지 '이승해' 아저씨네 이발소에 갔다가 그분이 이발을 깔끔히 마치고 혼자서 길을 더듬으며 돌아가는 모습을 보고는 깜짝 놀란 적도 있었다.

그 후 많은 사람들에게 들었던 이야기였지만 그 맹인노인은 언제나 성실했으며 착하게 살았다고 했다. 수많은 사람들이 한겨울을 나기 위한 땔감을 구하기 위해 그분의 뒷산에서 땀을 흘리고 나무짐을 지고 올 때는 그 장님집에 들러서 물을 마셨다고 한다.

어느 아침에 그는 흑염소 몇 마리를 몰고 집 앞 바닷가 제방둑으로 걸어가고 있었다. 그는 염소들이 풀을 뜯고 뛰어다니는 모습을 뒤로하며 바윗돌에 걸터앉아 먼 바닷가를 바라보고 있었다. 그 모습은 한 도인(道人)의 모습 같기도 했다.

그렇게 나의 유년시절은 가고 추억만이 남았다. 내가 작년에 차를 구입하게 되어 고향에 갈 일이 있었다. 그날 고향에서는 미사가 끝나고 그쪽 지역으로 돌아갈 신도분들이 몇 분 있어서 나도 차량봉사를 하게 되었다. 그 법부리라는 마을을 지나가게 되었는데 그 오두막집은 오래전에 사라졌다고 한다. 그 노인도 돌아가셨다고 한다. 다만 그곳에는 주차장을 갖춘 어떤 현대식건물이 들어서서 낯선 듯이 나를 바라보고 있었다. (98년 7월)

지금 소록도엔 온갖 꽃들이 피어날 것이다. 약 8년 전 오늘 나는 새벽에 집을 떠나 서울역에서 기차를 타고 장항으로, 배를 타고 군산으로, 고속을 타고 전주로 다시 광주로, 광주의 마지막 역인 도 상에서, 버스를 내려 택시를 타고 녹동항으로 달렸다. 때는 저녁 7시 30분, 소록도로 오고가는 마지막 철선이 불빛을 깜박이며 떠났다는 것이다. 나는 하는 수 없이 여관에서 하룻밤을 쉬었다.

다음날 아침 8시 30분에 나는 첫배를 타고 역사적인 땅 소록도에 상륙했다. 생면부지에 마침 수녀님을 마중 나온 성당 봉고차가 있어서 동승하여 소록리 성당에 들어갔는데, 무척 고요했다. 성당 입구에는 전나무를 양쪽에서 휘어서 개선문처럼 가꾼 조경 솜씨 라던가 주변에 어떤 정원수나 잔디밭까지도 깔끔히 다듬어지고 정돈된 모습이 감동스러웠다. 성당 안에도 십자가에 못 박힌 예수님과 감실 안에 불빛만이 외로웠지만, 너무나 깨끗하여 저절로 기도가 나왔다.

성체조배를 한 후 순례하듯 성당을 나올 때 당시 전교회장님이셨던 전 분도 형제님이 나를 봉고차에 태워서 이청준 씨의 소설 「당신들의 천국」에 등장했던 곳곳의 지명을 돌아주었다. 일일이 어느 마을에 어떤 것이 있다 했는지 생각은 안 나지만 어딜 가나 지저분한 곳은 찾을 길이 없고, 오직 깨끗한 마을길과 잘 정돈된 주변 풍경이었다. 평생을 독신아파트에서 살아가는 듯한 나환자 분들이 베란다에 앉아서 석양의 햇살을 쬐고 있는 모습이 자주 눈에 띄었다. 그리고 마을 곳곳에 진료소가 있고 어딜 가나 백의의 간호사들이 휠체어에 나환자를 태우고 다니는 모습이 보였다.

당시에는 동백꽃이 떨어지고, 석류꽃과 능수매화가 한창 피었는데 그 향기가 온 섬을 감싸는 듯 감미로웠다. 두 번째 찾은 곳은 수녀원이었다. 개신교가 너무 강해서 초기에 파견 봉사가 너무나 힘들었다는 샤르뜨르 성바오로회 수녀원은 낮은 동백나무 울타리에 싸여 있었다.

오전에 함께 배를 타고 오셨던 수녀님이 이곳에 사시는 이냐시오 수녀님이었다. 그리고 비비안나 수녀님이 수줍게 문안을 받으셨다. 내가 먼 인천교구에서 장애의 몸으로 찾아왔다는 그 성의만으로 바쁜 일과 중에 틈을 내어 나를 만나주셨다. 그곳 수녀님들은 방문 선물이라며 한 권의 책에 각기 싸인을 해서 주셨다.

그곳 소록도에는 면사무소와 병원 외에는 환자의 정서를 해치는 어떤 상점이나 다방도 보질 못했다. 그리고 섬 안에는 여관도 식당도 없었다. 그리하여 해가 지면 서둘러 나와야 했었다.

소록도의 수많은 영혼들은 저마다 원치 않는 고통으로 살다가 떠났다. 죽어 한 줌의 재가 되어 납골당에서 잠들고 있었다. 그들이 어쩌면 풀 한 포기 나무 한 그루에도 애정을 부여하며 정성껏 가꾸었던 것도, 죽어 다시 태어난 후에는 이처럼 싱싱하고 건강하게 살고자 했던 여망인 것 같다. 그리하여 돌에 핀 이끼꽃 하나 이방인이 와서 해치는 것을 싫어한다. 도시에서 소록도를 잘못 인식한 순례객들이 관광을 올 때가 있다고 한다. 그러나 출입관리사무소에서 출입증을 발급하는 공무원들이 음주나 고성방가 가무를 금지시키고 있다.

오늘날 의약품이 발달하여 나환자촌은 점점 사라져 이제는 보통 사람들이 그 마을에 정착하여 살기도 한다. 그리고 언젠가는 소록도라는 섬도 나환자만이 살지 않는 과거를 회상하는 전설의 섬이 되어 관광지로 나병에 대한 산교육장으로 이용될 것으로 믿는다. 100여 년 동안 개발되고 보존되어온 소록도에 그분들이 아름답게 가꾸어온 수목을 소중히 보존해 주어야겠다. (97년 6월)

만능인 백초 형님

올해 68세이신 백초 김진영 형님은 젊은 날 법학을 전공하시고 건축업에 종사하며 살아오셨다. 어머니 노환에 한의원으로 침을 맞으러 다니시던 중 침효력에 매료되어 40세 중반에 침구학을 독학으로 배우기 시작하셨다. 그 후 이웃과 친지들에게 시술을 하여 많은 쾌유사례를 남기셨다.

그 형님의 건축사에 가장 기억나는 현장은 인천공항으로 진입되는 영종대교 건설 현장에서였다. 수많은 건설 노동자들이 노동 현장에서 타박상, 관절통으로 호소할 때 침술과 뜸으로 빠른 효과를 발휘하였다. 날마다 공사는 이어져하고 공기는 재촉되는데 부상 입은 노동자의 빠른 쾌유는 약진하는 시기였다. 많은 사람들이 고마운 마음에 사례를 하려고 했지만 백초 형님은 당시 영종본당 신부님에게 통장개설을 허락받아 그분들이 내는 돈을 성당 사회복지에 쓰도록 길을 터 놓았다고 하신다.

그렇게 영종대교가 완성된 후부터는 수원 이목동에 있는 아버지의 고향으로 오셔서 작은 공방을 지으셨다. 서각이나 목공예를 하면서 또 다른 취미를 계발하셨다. 그곳의 뜨락에는 고목나무 뿌리와 온갖 종류의 나무가 건조되고 있었다. 형님은 어떤 나무를 바라보면서 목적하는바가 떠오르면 즉시 연필로 밑그림을 그리신다. 유성펜으로 나무표면에 그리고, 톱으로 켜고, 도끼로 깎으면서 작품을 만들어 간다. 여러 날을 끌로 파고 조각칼로 마무리하면 거대한 장승이 탄생하여 마을을 지켜주며 풍요를 가져다주는 솟대가 되어 보는 이로 하여금 감동을 느끼게 한다. 비가 오거나 눈이 오는 날은 아파트에서 독서를 하시다 하고 있는 일의 전문서적이나 다양한 문학을 읽으면서 풍부한 상식을 갖고 계셨다. 누구와 대화를 해도 듣는 이가 끝없는 흥미와 감동을 느끼게 된다.

평생을 함께 걸어오신 부인께도 함께하시는 일이 꼭 있다. 매주 화요일이면 등산을 함께 하시고 검단에 사시는 장인장모님을 찾아뵙는 일도 자주하신다. 특히 백초 형님은 문중 경조사에 초대를 받으면 꼭 참석하신다. 많은 이들에게 고른 관심과 사랑을 유지하는 것이다. 미운 사람도 없고 애착하는 사람도 없이 모든 이에게 다정한 벗이고 착한 이웃이다. (08년 9월)

꿈이 이루어지다

내가 이시돌 목장 이야기를 처음 들어 본 것은 중학교 1학년 때 생물을 가르치시는 윤정갑 선생님께로부터였다. "아일랜드에서 오신 신부님이 가난한 제주도에 오셔서 양을 키워 최초로 '양모 스웨터' 공장을 세웠다. 우유를 생산하는 젖소를 친다. 새하얀 돼지를 최초로 우리나라에 들여오셨다"라는 환상 같은 이야기였다. 그 후 언젠가는 그 목장에 꼭 가보리라 생각했고 그 전설 같은 천사 신부님을 뵙고 싶었다.

장애인연합회에서 5년에 한 번씩 제주도 여행을 기획하는데 금년이 기회여서 나는 얼른 신청을 했다. 시집 와서 14년 동안 한 번도 편할 날 없이 고단하게 살아온 아내도 위로해 줄 겸 해서 기꺼이 회비를 냈다. 그 꿈같은 계획은 현실로 나타나서 지난 8월 26일 김포공항에서 탑승절차를 기다리고 있었다. 우리를 태운 비행기는 1시간 만에 제주 공항에 착륙했다. 쪽빛 같은 파란 바다, 새파란 하늘은 너무 맑아서 눈이 부셨다.

첫날 여행을 이튿날 두 곳의 여행지를 돌아 마지막 코스 '외돌개'라는 곳에 가게 되었다. 48개의 계단을 용기 내어 목발을 짚고 내려갔다. 너무나 힘든 일이지만 모처럼 내가 혼자의 힘으로 걸어간다는 의지에 기뻤다. 그곳의 높은 촛대바위가 '바다에 고기를 잡으러 나간 할아버지를 기다리다가 할머니가 돌이 되었다'는 전설을 말해 주고 있었다. 새파란 맑은 바닷물이 바위기둥을 휘돌아 나가는 모습이 장관이었다. 다른 장애인들도 저마다 휠체어에서 내려 안전 울타리에 기대고 사진을 찍었다. 약 30m 높이의 촛대처럼 가는 그 메마른 바위꼭대기에도 소나무가 사는 이치가 신비했다. 비가 내려야 수분을 섭취할 텐데… 그 추운 겨울은 어떻게 견디지? 하는 궁금증을 가지고 올라올 때도 용감히 48개의 계단을 밟아 올라왔다.

그렇게 여행을 마치고 돌아온 저녁은 미사가 있는 날이었다. 회관 건너편에 자리한 양로원 옆 소성당이라고 했다. 우리 부부는 목욕을 하고 정결한 마음으로 일행과 함께 성당에 갔다. 75명의 할아버지, 할머니께서 수녀님과 간병인들의 지극한 정성 속에 살고 계셨다.

나는 그토록 그리워하고 그리웠던 맥그린치 신부님을 보았다. 초등학교 4학년 때부터 상상에 그려보던 '뾸 이시돌 목장' 그리고 성당에서 그 신부님을 본 것이었다.

낮에 그토록 여행을 했음에도 신부님의 영성 가득한 미사를 봉헌하는 내내 기쁨과 성령이 샘솟는 체험을 믿었었다. 신부님은 별 강론을 안 해도 왠지 그날 밤 미사는 가슴 뭉클했다.

몇 년 전 아일랜드 여성 대통령이 우리나라에 방한해 오셨을 때 이틀 후 이곳에 오셔서 맥그린치 신부님을 만났다는 뉴스를 TV로 보았었다.

맥그린치 신부님이 한국 제주도에 처음 오실 때 우리나라는 6·25 전쟁이 끝나고 매우 피폐해진 가난한 나라였고 아일랜드는 잘 사는 나라였다고 한다. 그러나 지금은 우리나라가 월등 잘 살고 아일랜드는 부도 위기를 걱정할 만큼 어려움을 겪는다기에 마음이 아프다. 내가 언제 또 이곳에 온다는 보장도 없고 천사 맥그린치 신부님이 오래 산다는 보장도 없다. 나는 그날 밤 모신 영성체를 가슴에 안으며 깊은 잠을 이루었다. (05년 12월)

　　일본 큐슈 여행 3일 째. 후쿠오카 현(縣). 고가 시(市)에 자리한 코로니 협회를 방문하였다. 하늘은 구름 한 점 없이 맑고, 들녘에는 벼가 알알이 익어가는 가을의 정취를 느끼며 차에서 내렸다. 방문에 대한 준비와 한영의 정성이 가장 가득한 답사지여서 나는 펜을 들었다. 이곳은 1952년에 일본 전역에서 고생하며 살아온 결핵회복 환자들에게 일거리와 생활 장소를 만들어 주기 위해서 일본 정부에 의해 현재의 장소에 코로니협회가 시작되었다고 한다.

　　그들이 이곳에서 양돈, 양계 사업을 하면서 평생을 살며 지내고자 했단다. 그 후 경제성장으로 식생활이 개선되니 결핵환자는 발생되지 않고 정신지체인 신체장애인들을 이곳으로 수용해서 그들에게 알맞은 직업을 찾아서 훈련시키고 교육시켜서 수공예품을 생산하기에 이르렀다고 한다. 신주시(市) 약 240명의 지체장애인들이 인쇄사업에 종사하고 있으며, 내가 찾아온 이곳 고가시에는 100여 명의 남녀 정신지체인들이 수용되어 수직 천짜기와 과자 만드는 일을 하고 있었다.

우리가 들어가는 현관 안에 '방문을 환영합니다" 하고 커다란 종이에 서툰 붓글씨로 한글을 쓴 것이 매우 기분 좋았다. 식당 강당에 모여 의자에 앉았을 때 빨간 셔츠를 입은 단정한 아가씨들 20여 명이 한 줄로 들어와 인사를 하면서 녹차를 앞앞이 대접하고 나갔다. 그들은 모두 다운증후군이나 정신지체인들이었다.

우리가 알기 쉽도록 '협회와 개요'를 한쪽은 일본어, 한쪽은 한글로 정리하여 복사한 안내용지를 숫자만큼 책상에 놓아주고 과장님께서 현재까지의 연혁과 협회의 좌우명을 설명한 후, 그 이야기를 한 소절 한 소절 가이드의 통역으로 들었다.

이어서 그들이 일하는 공방을 보러 나갔다. 우리가 옛날 베를 짜듯이 씨실을 촘촘히 매어놓은 틀에, 색색의 실을 북에서 풀면서 날실을 넣는 소리와 바디 밟는 소리가 쿵쿵 울리며 저마다 일에 전념하고 있었다. 그러나 모두가 일에 얽매이지는 않았다. 열심히 일하는 사람, 나를 물끄러미 바라보며 실만 만지는 사람, 모두 다양했다. 그리고 도우미가 곳곳에서 돌아다니며 불량품을 점검하고, 끊어진 실을 이어주고 있었다.

그 다음 긴 복도를 지날 때 체력단련실이 있었다. 누구나 자기 건강에 알맞은 실내운동을 할 수 있도록 각종 기구가 깨끗하게 진열, 정리되어 있었다.

다음은 제과실이었다. 위생가운을 입은 남자 정신지체인이 오븐에서 구워낸 과자를 일정량씩 봉투에 넣고, 어느 사람은 봉인을 하고, 어느 사람은 수량을 세어 가며 박스에 담고 있었다. 방금 나온 과자를 접시에 담아 우리 일행에게 시식을 권하기에 먹어보았는데 생과자처럼 고소했다.

내가 그 과자를 구입해도 되느냐고 물었더니 과장님께서 대환영이라며 한 봉지 백 엔이라고 했다. 그래서 나는 2,000엔을 주었더니 그 친구들에게 돈을 건네며 "몇 개를 담아주어야 되지?" 하고 물으니, 손가락으로 계산을 한 후 20개를 담아내어 준다. 나는 집에 가서 두 아이에게 자랑하며 줄 것을 생각하니 기뻤다.

다음 방은 커다란 공방이었다. 첫 번째 방에서 보았던 '수직천'을 이곳에서 재단하고 잘라서 옷을 만들기도 하고, 모자, 꽃병받침 같은 일상소품을 능력대로 재봉틀에 박아가며 열심히 만들고 있었다.

나는 이번 큐슈 가고시마 여행을 하면서 다소나마 일본을 알게 되었다. 임진왜란, 식민지 착취, 최근 독도문제까지 한일관계는 착잡하기만 하다. 그러나 그들 나라에서는 국민 모두 높은 지식, 도덕심, 건강한 공중질서를 이루며 열심히 살고 있었다. 내가 이번 9박10일 돌아본 여행지는 복지시설, 요양원, 장애인 자립 작업장이었다. 아직 고용촉진법이 입법화된 우리나라도 나아지고는 있지만, 약자를 배려한 복지법과 그들을 돕는 사회적 정서가 잘 되어 있었다. 아시아에서 가장 높은 독서율이 기록되고 전 세계 신간 서적번역도 가장 넓게 이루어져 국민들에게 알 권리를 제공하고 있을 뿐만 아니라 후쿠오카 현청을 가면 청소부, 공무원 모두 웃으며 기쁘게 일하고 묻는 말에 친절히 답해 주었다.

독일은 2차 대전 유대인 학살을 사과도 하고 수십 년간 경제적 보상도 했지만 일본은 국민적 합의에 이르지 못해서 아시아인들에게 감정의 뿌리를 거두지 못하고 있다. 그러나 분명한 것은 몇몇 정치집단 우익집단이 교과서 왜곡을 주도해 가는 것이지 국민의 80%는 우리국민과 다를 바 없이 성실하고 반듯하게 살아가는 사람들이 많다는 느낌이다. 그들은 NGO에도 많은 사람이 참여하고 있다 한다. 의왕시 라자로 마을로 찾아와서 평생 동안 일 년에 한 달씩 휴가를 내어 눈 수술을 무료로 해 주고 가는 안과의사도 개인적으로는 일본의 과오를 보속하는 마음으로 하고 있다는 것이다.

나는 흥분을 자제하고 나부터 똑똑해지고 진실어린 마음으로 세상을 보아야겠다고 결심했다. (06년 11월)

당신은 이 사랑을 인정합니까?

영화 '오아시스'가 상영되던 2월 월례회의 모임장소인 가톨릭 회관 304호에서는 내내 엄숙한 침묵이 흐르고 있었다. 지금까지 국내의 수많은 영화자품 속에서 장애인의 사랑을 소재로 다룬 영화는 「백치 아다다」 이후 처음이기 때문이다. 그런데 이 영화가 2002년 9월 8일 베니스 영화제에서 '감독상'과 '신인 여우상'을 수상한 데는 무언가 분명한 사연이 있을 것이었다.

영화는 처음부터 아름다운 화면이 아니었다. 가족들의 협의 아래 교통사고로 사람을 죽인 형님을 대신하여 복역한 후 교도소에서 출감하는 홍종두(설경구 분)의 모습으로 영화는 시작된 것이다. 그러나 가족들이 한 번도 면회조차 오지 않았음을 반증하듯이 가족들이 어디론가 이사를 가버렸고 이것은 우리들의 비정한 사회를 그려낸 것이라고 볼 수 있을 것이다.

교도소에서 나오자마자 형이 과실로 죽인 환경미화원의 집을 위로한답시고 찾아갔다가 그 환경미화원의 딸인 일급 뇌성마비 장애인인 처녀 한공주(문소리 분)을 만나게 되는데 그녀는 낡은 연립주택 작은 창에 낮은 하늘이 내려다보이는 좁은 방에서 살고 있었다. 그리고 종두는 가족들의 냉대와 사회의 멸시 앞에 외로운 마음을 둘 곳을 몰라 하던 터라 공주에게 자연스레 관심을 갖게 된다.

이 영화는 "장애인과 비장애인은 다르지 않다"라는 것을 보여주는 데 그치지 않고 공주와 종두를 무시하고 그들의 사랑을 이해하지 못하는 사회를 극명하게 비판하고 있다. 그래서 관객들은 종두와 공주의 주변인물들인 종두네 가족, 공주네 가족, 이웃집 부부, 형사들을 곱지 않은 시선으로 바라보게 된다. 그리고 그들의 눈에는 지극히 정상적인 종두와 공주의 사랑이 지독히도 비정상적인 불륜의 모습으로 비추어지는데 이는 이 영화를 보고 있는 관객들에게 "당신은 이 사랑을 인정합니까?"라는 질문을 2시간 내내 던지고 있는 것이라고 할 수 있다.

뇌성마비 장애인을 정신지체인인 것처럼 그리고 있다며 비판을 하는 성급한 사람들도 있을 것이다. "왜 공주는 강간당한 것이 아니라 나는 사랑해서 섹스를 한 것이었다고 경찰서 조사에서 말하지 못하는가?"라는 점을 들면서 말이다. 이는 장애인을 잘 이해하지 못한 데서 오는 생각이라고 본다.

공주는 장애인이기도 하지만 섬세하고 사려 깊은 여자다. 오빠네 부부가 사실은 자기를 이용하고 있다는 것도 알고 있다. 그럼에도 불구하고 유일한 혈육이기 때문에 공주는 오빠 부부의 드문 방문도 감사한다. 그런 공주가 강간이 아니라고 종두를 감싸 안는다면 오빠 부부와 절연까지 해야 할지도 모르는 위험을 내포하고 있는 것이다. 그래서 공주는 자신의 판단아래 분명한 선택을 한 것이다. 진실을 말하고 종두를 무고 혐의에서 벗어나게 할 수도 있고 자신의 사랑을 빨리 결정할 수도 있었다. 그러나 지금까지 그녀가 살아왔던 것처럼 모든 수모와 고통과 멸시를 수용하면서 종두가 출소해서 다시 자신 앞에 나타날 그날을 기다리기로 한 것이다.

영화배우 문소리가 열연한 뇌성마비 장애인들만큼 사람들의 오해 속에서 살아가야 하는 장애 유형은 없을 것이다. 통제되지 않는 신경과 근육들 때문에 자칫 사람들은 지능 이상까지 의심한다. 이웃집 부부가 공주 앞에서 태연히 섹스를 하는 것처럼… 단지 외모 때문에 그들은 온전한 사고능력을 지녔음에도 무시당한다. 그러나 적어도 「오아시스」를 본 사람들이라면 세상에 막연한 그런 편견들로부터 자유로워질 것이다. 또 비록 수형생활을 하고는 있지만 공주에게 진실한 사람의 편지를 보내며 마음의 평화를 찾아가는 홍종두의 새로운 삶의 모습도 관객들에게 위로를 주기에 충분하다.

그리고 영화는 종두가 돌아오기만을 기다리며 방청소를 하는 공주의 뒷모습을 그리며 종영되었다. (03년 4월)

촛불을 켜세요

칼라 TV도 끄고 전등도 끕시다. 그리고 촛불을 켜요

우리는 두 눈을 꼭 감고 한 해의 긴 여정을 헤어 봅시다.

한결같은 생활 속에 영혼으로 가는 길은 험하기만 했습니다.

짧은 세상이 끝나는 날 우리가 주님께 드릴 선물은

당신이 우리들에게 나눠주신 십자가입니다.

그분은 달라고 하지 않아도 선택한 양들에게 시련의

십자가를 주셨습니다.

우리들의 만남 속에서 참으로 다양한 십자가를 보이지

않았습니다. 그것은 누구 것이 무겁고 누구 것이

가볍지 않습니다. 오직 자신의 것이 제일 무겁습니다.

그러나 그것은 질 수 있어요.

기도는 원함이 없는 오직 찬미이어야만 할 것입니다.

아름다운 성모님의 마음으로 포장을 싸고 내 안에

기쁨과 고뇌와 슬픔과 인고의 땀방울이 참으로 보옥처럼

값진 선물로 아버지께서는 소중히 거두실 것입니다.

흔적

　나는 9살 때 불행한 추락사고로 척추를 다쳐서 더 이상 크지 못하는 5급 장애인이다. 다행히 행복한 가정에서 온 가족의 협력과 친할머니의 눈물겨운 간병과 사랑으로 그 모진 수술과 회복의 단계를 거쳤다. 그 후 기술을 배웠고 직장생활을 하다가 29세에 시고모님의 중매로 지금 남편을 만났다.

　나의 남편도 소아마비 지체 2급 장애인이다. 우리 부부는 결혼생활 중에서 출산, 육아 모든 면에서 걱정 많은 출발을 했던 것이다. 더구나 시어머니와 함께 살아야 하는 며느리였기에 아기를 낳고 기르는 일은 매우 중요한 의무였다. 남편의 직업은 가정에서 하는 일이라서 늘 나의 배려와 협력이 따라야만 했다. 그래서 손가락 마디는 항상 갈라지고 반창고를 감아야 했다. 우리 부부는 하느님께 기도하였다. 매사 작은 일에 충실하고 인내심이 강한 남편을 따라서 성한 사람들도 어렵다고 하는 시집살이를 한 것이다. 시댁 쪽이나 친정 쪽이나 우리 부부를 염려한 어르신네들은 항상 격려를 해 주셨다.

　그런 세월이 흘러 결혼 1년 만에 아이를 낳았다. 10개월 동안 늘 산부인과에 들러 세심한 검사를 받으며 제왕절개로 출산을 했지만 마취에서 깨어난 나는 아기를 바라보기가 차마 두려웠다. 만약에 아기가 기형아거나 미숙아라면 어쩌나 하고….

그렇게 무거운 침묵의 시간이 흘러서 시어머니께서 웃으시며 "아기는 작지만 건강한 아들이다" 하셔서 나는 감사의 눈물을 흘렸다. 아빠는 아기 이름을 '승빈(承彬)'이라 지어 놓았다. 승빈이는 2.9kg으로 무척 마르고 가늘었다. 좁은 엄마 뱃속에서 승빈이가 제대로 성장을 못했기 때문이다. 승빈이는 4살까지 유난히 잔병치레를 했다. 감기약은 사계절 떨어지지 않았고, 삼복더위에도 아이에게 좋다면 땀을 비오듯 흘리며 가스레인지 앞에서 죽을 쑤었다. 한 순갈 한 순갈 필사적으로 먹이며 혹서의 여름을 보냈다. 우리 부부가 승빈이를 키우며 가장 기뻤을 때가 몇 번 있었다. 그것은 걸음마를 할 때 가장 큰 탄성을 올렸고 그때는 긴장하며 바라보다가 달려가 안아 주었다. 그리고 5살 때 '어린이집'을 다닐 때였다.

승빈이는 무척 예뻤다. 온 아파트 아줌마들이 좋은 유아복이 있으면 고이 빨아서 주었고, 앞 동 동현이 어머니께서는 겨울옷을 사 주시곤 하였다. 승빈이가 두 살 때 나에게는 가장 힘들었던 때였다. 당시 75세이던 시어머니께서 장롱 위에 얹어놓은 물건을 꺼내려다가 의자가 넘어지면서 나뒹굴어 뇌진탕을 당하신 것이다. 그 후 치매 끼가 왔다.

시누이, 조카, 큰댁 가족들, 고모부들이 찾아오실 때마다 나는 손님 받으랴 어머니 간병하랴, 어릴 때 다친 허리가 다시 밤마다 아파 왔다.

남편은 낮에 고된 일을 한 몸이라서, 당신도 가족 부양하느라 낮에 가끔씩 지압을 해 주지만 얼마 못하고 코를 골며 깊은 잠에 빠진다. 그렇게 몸이 고달픈 하루가 간밤이면 허리가 쑤시고 저려와서 잠이 잘 오지 않는다. 고향 영암에서 홀로 농사를 지으며 살고 계신 친정엄마가 생각나면서 눈물이 나왔다.

그렇게 시어머니는 자녀들의 효성과 우리 부부의 지극한 간병으로 일 년 후 예전의 모습으로 회복하셨다. 그 후 병치레는 몇 번 더 있었다. 그때마다 간호사인 막내 시누이가 도움을 주었다. 시어머니는 성격이 불같으셨지만 뒤끝이 없고 늘 자상하셨다. 몸이 많이 불편하지만 강한 정신력으로 열심히 사는 나의 남편을 낳고 키워주신 어머님이시다. 그러므로 나는 존경하며 더 열심히 공경하고 살게 되었다.

둘째 아이 '승우'는 4년 후 태어났다. 역시 체중이 미달이었지만 지금은 건강하게 자라서 '복자유치원'에 잘 다니고 있다. 시어머니께서는 늘 나에게 당신이 평생 살아오시며 터득하신 지혜를 가르쳐 주셨다. 매년 음력 삼월이면 된장과 고추장을 담근다. 메주는 해마다 친정어머니께서 만들고 숙성시켜서 보내주신다.

금년 봄에는 유난히 우리 부부가 감격의 눈물을 흘렸다. 성장과정에 그렇게 몸이 약해서 우리 부부를 긴장시켰던 '승빈'이가 '초등학생'이 되어 책가방을 매고, 손에는 보조가방을 들고 또래 동무들과 이야기하며 총총히 학교 가는 뒷모습이 얼마나 감격스러

윘던지 한없이 울었다. 다행히 승빈이는 온순하고 사교성이 좋아서 친구들을 자주 데리고 온다. 기쁜 마음으로 점심을 해 준다. 남편이나 나나 어릴 적 장애가 되어 대부분의 유년시절 추억이란 것이 힘겹고 슬픈 기억만이 남는다.

그러나 하느님께서는 그런 우리 부부에게 건강한 두 아들을 보내주셨다. 우리 부부는 늘 감사하는 마음으로 산다. 나는 두 아이들이 건강하고 아빠처럼 인내하며 살기를 격려할 것이다.

우리 부부는 어릴 적 아파서 상처와 장애의 흔적으로 살고 있지만 정직하고 열심히 살아가는 가정이 되길 간절히 기도한다.
(01년 7월)

*이 글은 2001년 아내 곽덕임 엘리사벳이 인천 새얼문화재단 주최 백일장에
  출전하여 차하상을 수상했던 글입니다.

난이 피는 언덕

나는 오늘 아빠가 운전하시는 차에 타고 엄마와 승우(동생)랑 남양성지를 순례했다. 파란 가을 하늘 아래 단풍이 물들어 가는 성지는 무척 아름다웠다. 엄마 아빠께서 미사봉헌 하시는 동안 나는 승

우랑 나무사이를 뛰어다니면서 놀았다. 많은 장애인 아저씨, 아줌마들이랑 점심도 함께 먹고, 함께 기도하시는 걸 보았다.

아빠는 성지순례가 끝나고 돌아올 때에 홍영후(난파) 선생님이 태어나고 자라셨다는 남양동 활초리에 우리를 데리고 가셨다. 화성시청 맞은편 작은 산길로 접어들어 숲이 우거진 산 속 외로운 오솔길을 약 2.5km 달려서 깊숙하고 조용한 마을로 내려갔다.

아빠는 "난파란? 난초 꽃이 피는 언덕"이라고 가르쳐 주셨다. 그곳에는 싸리나무 울타리가 쳐진 초가집이 서 있었다. 아빠는 마당에서 우리들과 함께 손을 잡고 기도하셨다.

홍난파 선생님은 1898년에 이곳에서 태어나셨고 또한 이곳에서 유소년 시절을 보내셨다고 한다. 선생님은 커서 일본으로 건너가 '우에노 음악학원'에 입학하여 한국인으로는 최초로 양악을 전공하셨다. 그리하여 농악과 피리, 장구밖에 없었던 우리나라에서 최초로 바이올린, 피아노 등 양악기를 연주하고 공연도 많이 하셨다고 전하신다.

싸리문을 밀고 들어가 댓돌에 앉으니 집안에서 음악이 흘러나왔다. 아빠는 무릎에 고개를 고이고 한참 들으시더니 그 곡조에 따라 〈성불사의 밤〉, 〈봉선화〉, 〈고향의 봄〉을 따라 부르셨다. 나는 못 부르지만 귀 기울여 들었다. 노래가 아름다운데 음악이 슬펐다. 왜 그럴까?

우리는 안마당과 뜰에 앉아 잡초를 뽑고 생가를 나섰다. 그곳

마당에는 오래된 감나무에 빠알간 감이 매달려 있었다. 아빠는 일 년에 한 번씩 이곳에 데리고 와 주신다. 나는 아빠의 고향에 이렇 게 좋은 생가가 있다는 것이 자랑스럽다.(01년 11월)

*이 글은 2001년 아들 홍승빈 화서베드로가 초등학교 2학년 때 가족과 엠마우스 회원들과 함께 남양성지를 다녀와서 쓴 글입니다.

아내 곽덕임

첫째 홍승빈

둘째 홍승우

1994년 승빈이 첫돌 기념